Abraham Ehrlich

Von der Selbst-Begegnung

Zwischen Selbst-Deutung und Selbst-Erkenntnis

Eine erkenntnistheoretische Betrachtung

Copyright: © 2023 Abraham Ehrlich
Umschlag & Satz: Erik Kinting – www.buchlektorat.net
Titelbild: © kuligssen (depositphotos.com)

Verlag und Druck:
tredition GmbH
An der Strusbek 10
22926 Ahrensburg

Softcover 978-3-347-93217-3
Hardcover 978-3-347-93218-0
E-Book 978-3-347-93219-7

Bibliografische Information der Deutschen Nationalbibliothek:
Die Deutsche Nationalbibliothek verzeichnet diese Publikation in
der Deutschen Nationalbibliografie; detaillierte bibliografische
Daten sind im Internet über http://dnb.d-nb.de abrufbar.

לעדנה וליונתן, לרחלי ולחגי, ללביא, ליעלי ולשקד:

„Der Mensch besteht in der Wahrheit. Gibt er die Wahrheit preis, so gibt er sich selbst preis. Wer die Wahrheit verrät, verrät sich selbst. Es ist hier nicht die Rede von Lügen – sondern vom Handeln gegen Überzeugung"

Novalis, Blütenstaub, 38; siehe Anm. 3, dort S. 242

„Die Aufklärung, deren sich die höheren Stände unseres Zeitalters nicht mit Unrecht rühmen, ist bloß theoretische Kultur, und zeigt, im ganzen genommen, so wenig einen veredelnden Einfluß auf die Gesinnung, daß sie vielmehr bloß dazu hilft, die Verderbniß in ein System zu bringen, und unheilbarer zu machen"

Friederich Schiller, Brief an den Herzog von Augustenburg 13.6.1793

„Jede Generation sieht zweifellos ihre Aufgabe darin, die Welt neu zu erbauen. Meine Generation jedoch weiß, dass sie sie nicht neu erbauen wird. Aber vielleicht fällt ihr eine noch größere Aufgabe zu. Sie besteht darin, den Zerfall der Welt zu verhindern. Als Erbin einer morschen Geschichte, in der verkommene Revolutionen, tollgewordene Technik, tote Götter und ausgelaugte Ideologien sich vermengen, in der die Intelligenz sich so weit erniedrigt, dem Hass und der Unterdrückung zu dienen, sah diese Generation sich vor die Aufgabe gestellt, in sich und um sich ein weniges von dem, was die Würde des Lebens und des Sterbens ausmacht, wiederherzustellen."

Albert Camus, Nobelpreisrede 10. Dezember 1957

Inhaltsverzeichnis

Vorwort

Liebe Leserin, lieber Leser, die Zeit, in der dieses Buch entsteht, die Frühlingstage des Jahres 2022, sind Tage eines schrecklichen Krieges in Mitten Europas. Die Denkweise, die zur Entstehung dieses Krieges geführt hat, herrscht schon lange, sie bestimmt den Umgang mit diesem Krieg, wie auch seinen Verlauf; und diese Denkweise wird auch nachdem dieser Krieg ausgeklungen ist, weiterhin herrschen.

Es geht mir nicht darum, diese Denkweise zu analysieren, sondern um die Klärung dessen, was eine derartige Denkweise möglich macht. Sie beginnt mit einer Art des Selbst-Verständnisses einer Person, die ohne sich dessen bewusst zu sein, so beschaffen ist, dass sie von Hochmut, Selbst-Gerecht-Sein, Rechthaberisch-Sein und Selbstgefälligkeit geprägt ist.

Es handelt sich um eine Art des *Welt*-Bezugs, der durch einen extrem starken *Selbst*-Bezug bestimmt ist, was durch eine starke Spannung zwischen dem Ich und seiner Um-Welt zum Ausdruck kommt. Es ist ein Kreis, der beim Ich beginnt und durch eine stark geprägte *Vor*-eingenommenheit beim Ich endet: Es bleibt ständig bei sich – in allem, was ist und in allem, was geschieht, sieht es einen starken persönlichen Bezug zu sich.

Dieses Ich ist eine **urteilende *und* wertende** Person, die durch das intensive Urteilen und das intensive Werten die Wahrnehmung, die Betrachtung und die Bestimmung **alles Wirklichen stark verzerrt** und dabei **radikale Selbst-Blindheit** kultiviert. Der Hinweis auf dieses Phänomen erzeugt bei einer solchen betroffenen Person in der Regel starke emotionale Reaktionen, so als ob das eigene Selbst dieses Selbst-Verständnisses in Frage gestellt würde.

Diese Selbst-Blindheit, die die persönliche Welt- und die persönliche Selbst-Wahrnehmung bewirkt, verzerrt alles, was der Person

existentiell wichtig ist: Es ist ihre **persönliche Identität,** ihr **Lebenssinn** und ihr **Lebensglück.**

Welche Umstände sind es, die Menschen erschüttern können, die von dieser Selbst-Blindheit betroffen sind, so dass sie ihren radikalen Selbst-Bezug wahrnehmen und dazu angeregt werden, sich nach und nach davon zu befreien, die Freiheit von der eigenen beschränkten Wahrnehmung und Betrachtung zu erlangen??

Die Klärung diese Frage möchte ich anhand von zwei Situationen darlegen, an denen das Ich an die Grenzen seiner persönlichen Orientierung stößt: die *positive* Situation der **Liebe** und die *negative* Situation der **radikalen Horizont- und Perspektivlosigkeit.**

Vor dem Hintergrund solcher Extremsituationen bzw. Grenzsituationen lässt sich besonders deutlich der Unterschied zwischen **Selbst-Deutung** und **Selbst-Erkenntnis** feststellen. Das Selbst-Bewusst-Sein steht von Anfang an in Zusammenhang mit einem Selbst-Bild, das durch intuitiv spontane Selbst-Deutung entsteht.

Die Deutung des eigenen Selbst und die Erzeugung des Bildes von sich selbst sind ganz gängige Selbst-Bewusstseins-Prozesse und sie ändern sich ständig mit Zeit und Raum, genau wie die in diesem jeweiligen Selbst-Bild zum Ausdruck kommende *vordergründige* persönliche Identität: Die Lebenssituation eines zehnjährigen Menschen bedingt ein ganz anderes Bild von sich als die Lebenssituation eines zwanzigjährigen, und wiederum eines vierzigjährigen usw. Diese *vordergründig* bestimmte Identität ist sehr stark von der eigenen Selbst-Deutung und demensprechend von dem eigenen Selbst-Bild beeinflusst. Interessant dabei ist die *Tatsache*, dass die *Kern-Identität* eines Menschen nicht bloß gleich, sondern *identisch* bleibt, und das in einer immer währenden Entwicklung bzw. in einem persönlichen Wachstum, die bzw. das von der Selbst-Erkenntnis bedingt ist (sieh System I.1.).

Im Unterschied zu Selbst-Deutung und Selbst-Bild ist die **Selbst-**

Erkenntnis *auf gar keine Weise* intuitiv: Sie verlangt Selbst-Distanzierung, also die Fähigkeit, **sich** gewissermaßen **von außen zu betrachten**. Dabei wird die zeit-räumliche Dimension des eigenen Bestehens immer deutlicher: Der selbst-reflektierende Mensch ist seiner persönlichen Vorgeschichte bewusst, die mit dem Gegenwarts-Bewusstsein eng verbunden ist. Ebenfalls mit dieser Vorgeschichte hat der Mensch einen in diesem Bewusstsein innewohnenden kontinuierlichen Horizont des **Selbst-Entwurfs**, der im konkret geführten Leben immer deutlicher zum Ausdruck kommt

Die Selbst-Deutung ist kein Zustand, sondern sie wirkt direkt auf die Art, wie ein Mensch denkt, sich verhält und wie er sein Leben führt. Wesentlich für das **Selbst-Bild** eines Menschen, was das **Selbst-Verständnis** und so seine verhaltensmäßige Orientierung in seiner Lebensführung bedingt, ist seine **normative Bedeutung**. Die starke Spannung, die zwischen dem so verstandenen Selbst-Bild eines Menschen und zwischen seiner konkreten Lebenssituation besteht, kann nur durch einen persönlichen **Selbst-Entwurf** entschärft werden, der durch **Selbst-Erkenntnis** entsteht: Es ist das, worin das **Wachstum** eines Menschen besteht.

Zu besonderem Dank bin ich meinem Sohn Jonathan verpflichtet, der mir bei der sprachlichen Gestaltung des Manuskripts eng zur Seite stand. Für die Betreuung der Publikation meines Buches möchte ich mich beim Herrn Erik Kinting für die Bearbeitung des Manuskripts zum fertigen Buch herzlich bedanken. Ebenfalls bedanken möchte ich beim Publikationsteam des „tredition"-Verlags für die Veröffentlichung des Buchs.

Diese beabsichtigte Klärung stützt sich *ganz* auf die vorherigen systematischen Arbeiten, besonders aber auf das drei teilige *„System der Philosophie"*; Abschnitte daraus werden im jetzigen Buch zitiert:

- Das System der Philosophie. Die systematische Grundlage zur Erkenntnis der Wirklichkeit und zur Bestimmung der Stellung des Menschen in ihr, Frankfurt am Main 2012 (zitiert: System I)
- Der Mensch und seine Welt: Zur erkenntnistheoretischen Klärung der Stellung des Menschen in der Welt und der Bedingungen der Verwirklichung seiner Freiheit – das System der Philosophie II, Frankfurt am Main 2013 (zitiert: System II)
- Die Grenzen der Erkenntnis und dahinter: Zur Klärung der erkenntnistheoretischen Grundlage des religiösen Glaubens – das System der Philosophie III, Frankfurt am Main 2014 (zitiert: System III)

Hinzu kommen folgende punktuelle systematische Ergänzungen:
- Religion, Wissenschaft und Erkenntnis der Wirklichkeit, Hamburg 2020 (zitiert: Religion)
- Zur Wesensbestimmung der Philosophie, Hamburg 2021 (zitiert: Philosophie)
- Wozu Kultur? Zwischen Kultur und Menschen-Vergessenheit, Hamburg 2021 (zitiert: Kultur)
- Zwischen Gut und Böse. Eine erkenntnistheoretische Betrachtung zum Wesen der Wirklichkeit, Hamburg 2021 (zitiert: Gut u. Böse)

Einführendes

1. Der Mensch ist das einzige Wesen in der uns bekannten und erkannten Wirklichkeit, das im Besitz eines Bewusstseins von sich selbst ist: *In ihm ist Bewusstsein und Selbstbewusstsein identisch.* Gewiss besitzen andere Lebewesen Bewusstsein; jedoch ein Bewusstsein des eigenen Selbst besitzt nur der Mensch. Der Grund ist in dem zu finden, was das ‚Selbst‘ ausmacht. Es ist das ‚Ich‘, das jeder Zustand und alle Tätigkeiten bewusst als *seine* versteht. Das Selbst, das Ich, ist sich auf eine sehr fundamentale Weise *vorgegeben*, wobei dieses „Vorgegeben-Sein“ bis zu einem gewissen Punkt Ergebnis seiner eigenen Selbst-Bestimmung ist. *Das Selbst-Bewusstsein ist also eine Grundtatsache des menschlichen Daseins.* Dabei müssen wir die Bezeichnung des Menschen als *Individuum* von seiner Bezeichnung als *Person* unterscheiden: Die Bezeichnung „Individuum“ betont den Unterschied des Einzelmenschen zu allen anderen Menschen („Individuen“) wie auch seine Einzigkeit gegenüber der Menschengattung, sie betont also die Singularität eines jeden Einzelmenschen in seinem Einzeldasein, wobei die Bezeichnung „Person“ die besondere Seins-Weise des Menschen als **Selbst-Sein** betont. „Person“ betont somit den Einzelmenschen in seinem Zusammenhang mit dem Wirklichkeitsganzen. Die Person ist der einheitliche Beziehungs- und Bezugspunkt aller Handlungen und Tätigkeiten des Menschen als deren Ursprung und als deren letzter aktiver Grund. Es ist das, was der Mensch meint, wenn er „Ich“ sagt. Persönlichkeit ist das, was einem individuellen Menschen in jeder Hinsicht eigen ist. Diese Bezeichnung bezieht sich somit auf den Inbegriff all dessen, was der Person wesentlich ist; der empirische Ausdruck der Persönlichkeit ist der Charakter.[1]

---

[1] Vgl. System II, S. 15ff.

Diese *Grundtatsache* des menschlichen Daseins bedeutet, dass der Mensch nicht einfach „dahinlebt", sondern dass er sein Leben – jeden Moment seines Lebens und sein Leben als ganzes – richtet und plant. Dabei spürt er die Spannung zwischen ihm und zwischen der Wirklichkeit, in der er sein Leben führt.

Diese bis zur Wurzel seines Daseins reichende Tatsache erzeugt das *existenzielle Grundbedürfnis*, das in dem Streben nach der Bestimmung einer klaren **persönlichen Identität**, nach **persönlichem Lebenssinn** und nach **persönlichem Lebensglück** besteht. Dieser Vorgang läuft oft ohne besondere bewusste Reflexionstätigkeit, jedoch *je bewusster* dieses Streben ist, *desto wirklicher* ist das Ich (das einzelne Individuum als Person) wie auch seine Welt: *Der Mensch lebt nicht einfach* in *der Welt, er* hat *eine Welt!*

Was es bedeutet, die Um-Welt, der der Mensch zunächst als Fremder gegenüber steht, als *seine* Welt zu bestimmen, dies zu klären ist die Aufgabe der philosophischen Tätigkeit.

2. Die Tatsache des Fremd-Seins des Menschen seiner Um-Welt gegenüber erzeugt das Bedürfnis, diese ursprüngliche Spaltung zu überwinden. Zeitlich und logisch sind beide gleichzeitig gegeben: Das Ich kann ohne den Rahmen der Um-Welt sich selbst nicht bewusst sein; diese Um-Welt wiederum kann nicht als die Um-Welt eines Ichs gelten, ohne dass ein Ich sie als seine Um-Welt wahrnimmt.

Vor diesem Hintergrund wird das Bedürfnis, sich in diese Um-Welt zu integrieren, *existentiell*, also *wesenhaft für das persönliche menschliche Dasein*: Welche Stellung hat der Mensch in einer Wirklichkeit, die ihm fremd ist? Was hat sein Leben mit dieser Wirklichkeit zu tun? Inwiefern geht sie ihn an? Welche Art der Beziehung besteht zwischen seinem *Wesen* als Mensch und als Individuum bzw. Person und zwischen der Wirklichkeit, die von ihm vollkommen unabhängig ist? Oder ist etwa alles, vor allem das eigene Leben, so wie Kohelet („Prediger")[2] zunächst behauptet, sinnlos, bedeutungslos und bestandlos ist?

In diesem Zusammenhang ist es *entscheidend wichtig zu betonen*, dass es sich hier um die *Integration* des Menschen als Individuum und Person, *auf gar keinen Fall* aber um seine Assimilation in der Wirklichkeit handelt.

Die Assimilation verwischt jede Art der Individualität und damit jede Art des Persönlichen. Die Integration dagegen bewahrt einerseits die Differenziertheit, die strenge Eigenständigkeit und die strenge Eigentümlichkeit der Elemente in einer gegebenen Einheit, die jedoch (die Einheit) als solche kraft ihrer gesetzmäßigen Ganzheit die Eigenständigkeit und die Eigentümlichkeit ihrer Elementen konstituiert.

Die strenge Einheit der Wirklichkeit konstituiert und bewahrt die Eigenständigkeit und die Eigentümlichkeit eines jeden Wirklichen, das wiederum seinem Wesen nach als Wirkliches erkenntnismäßig zu dieser streng geschlossenen Einheit der Wirklichkeit drängt, die wiederum jedes Wirkliche als Einzelelement erkenntnismäßig ermöglicht.

Wie lassen sich die obengenannten Fragen klären? Wenn der Mensch ein integraler Teil der Wirklichkeit sei, der er zunächst als Fremder gegenübersteht, so muss diese Klärung mit der Auseinandersetzung um die Erkenntnis-Bestimmung der Wirklichkeit beginnen und so den Menschen erkenntnismäßig immer näher zu sich selbst führen. Für diese Art der Auseinandersetzung des Menschen mit sich selbst und mit der Welt steht von Anfang an seit Jahrtausenden der Name ‚Philosophie'.

---

[2] Der biblische König Salomon („Schlomo"); siehe das biblische Buch Kohelet („Prediger")

Hier handelt es sich *nicht* um eine akademisch-wissenschaftliche Art des Erkenntnisgewinns, sondern um den *existenziellen Drang*, über die Erkenntnis der Wirklichkeit *sich selbst als Mensch und als Individuum näher zu kommen*. Novalis, der Dichter der Romantik hat diese Tatsache mit eindeutigem Bezug auf die Philosophie auf den Punkt gebracht: "Die Philosophie ist eigentlich Heimweh – Trieb überall zu Hause zu sein".[3]

Diese fundamentale persönlich existentielle – und nicht bloß theoretische – Ich-Bezogenheit der Philosophie hat Immanuel Kant in Fragen-Form folgendermaßen formuliert: „Das Feld der Philosophie […] lässt sich auf folgende Fragen bringen: 1) Was kann ich wissen? 2) Was soll ich thun? 3) Was darf ich hoffen? 4) Was ist der Mensch?"[4] Und als Höhepunkt der Klärung dieser Fragen drängt sich die Frage „*Wer bin ich?*" heftig in den Bewusstseinshorizont.

Diese Ich-Fragen sind also nicht bloß die Grundfragen der Philosophie, sondern die persönliche Fragen eines Menschen, der durch eine **existentielle Not** gedrängt wird, sich auf den Weg der Klärung der Frage „Wer bin ich?" zu begeben und als das, was er ist, nach und nach immer klarere Orientierung in dieser Welt zu erlangen, so dass er als das, was er ist, in ihr sein zu Hause, er *seine* Welt findet.

So zeigt sich die Philosophie seit ihrem Anfang in altem Griechenland als *Philosophieren*, als die eigentümliche Aufgabe, dem Ich vor dem Hintergrund der Wirklichkeits-Erkenntnis über die Selbst-Erkenntnis **selbst näher zu kommen**.

---

[3] Novalis – Freidrich von Hardenberg –, Werke, Tagebücher und Briefe; Werke Bd. II, hrsg. von Hans-Joachim Mähl, München u. Wien 1987, S. 675 (Fragment 857)

[4] Logik, III. Begriff von der Philosophie überhaupt, Akademie Ausgabe, IX, S. 25, in: https://korpora.zim.uni-duisburg-essen.de/kant/aa09/025.html, 13.4.2022, 15:00

Unter ‚Philosophie' als Philosophieren verstehen wir die *systematisch* geführte *individuell-persönliche Selbst-Reflexion*, die mit der akademischen Philosophie nicht zu verwechseln ist, die ihrem Wesen nach Philosophie-Wissenschaft darstellt. Ihr Verhältnis zum Philosophieren ist gleich das Verhältnis zwischen Literatur und Literaturwissenschaft, zwischen Kunst und Kunstwissenschaft oder zwischen Musik und Musikwissenschaft und ähnliche Geisteswissenschaften zu ihrem Forschungsobjekt. Im Philosophie*ren*, also in der *persönlichen Auseinandersetzung mit den Grundfragen des menschlichen Lebens* besteht das eigentümliche Wesen der Philosophie – und so verwenden wir auch diesen Begriff: *Philosophie als die Tätigkeit des Philosophierens.*[5]

---

[5] Siehe dazu Philosophie

I. Grenzsituationen

1. Das Phänomen der Grenzsituation ist unserem Alltag nicht fremd. Laut Duden ist eine Grenzsituation „eine ungewöhnliche Situation, in der nicht die üblichen Mittel, Maßnahmen zu ihrer Bewältigung Anwendung finden können".[6] Mit anderen Worten: Es ist eine Situation, in der eine Person ihre Orientierung verloren hat und nun eine neue finden muss: „Es ist alles nichts, doch so, daß der Ernst des Tuns vertieft und nicht gelähmt wird."[7]

„Als philosophischer Terminus wird er erstmals 1919 von Karl Jaspers in seiner „Psychologie der Weltanschauungen" verwendet. Im Rahmen seiner „Existenzphilosophie" bezeichnet Jaspers damit Situationen, in denen der Mensch endgültig, unausweichlich und unüberschaubar an die Grenzen seines Seins stößt. [...] Es sind „Situationen, in denen Existenz sich unmittelbar verwirklicht, letzte Situationen, die nicht verändert oder umgangen werden können."[8],[9]

„Es handelt sich", so schreibt Gernot Böhme[10], „um eine Darstellung des menschlichen Lebens unter dem Gesichtspunkt, dass dieses Leben verantwortlich übernommen werden muss. In dieser Beschreibung spielt der Begriff der Grenzsituation eine entscheidende Rolle. Es sind Situationen, die die Bedingungen – das sind die Grenzen – des menschlichen Daseins überhaupt deutlich machen. Dabei definiert Jaspers Situation wie folgt: Eine Situation ist „die

---

[6] https://www.duden.de/rechtschreibung/Grenzsituation 13.4.2022 15:15

[7] Karl Jaspers, Philosophie II, Existenzerhellung, Berlin, Heidelberg 1956 S. 209 (zitiert: K. Jaspers)

[8] https://de.wikipedia.org/wiki/Grenzsituation 13.4.2022 15:17; vgl. dazu auch Philosophie

[9] Ebd.: Hans-Joachim Störig: *Kleine Weltgeschichte der Philosophie*, erweiterte Neuausgabe, Fischer, Frankfurt a.M., 1997, S. 605

[10] https://link.springer.com/chapter/10.1007/978-3-642-56106-1_1 13.4.2022 21:30; der Bezug auf Jaspers im Zitat: K. Jaspers

Wirklichkeit für ein an ihr als Dasein interessiertes Subjekt" (Jaspers 1956, 201f). Eine Situation ist also keine neutrale Konstellation oder ein Sachverhalt, sondern vielmehr eine Konstellation oder Sachverhalt in seiner Relevanz für den einzelnen Menschen. [...] Als Grenzsituationen werden nun solche definiert, die unausweichlich zum Leben gehören: „Situationen wie die, dass ich immer in Situationen bin, dass ich nicht ohne Kampf und ohne Leid leben kann, dass ich unvermeidlich Schuld auf mich nehme, dass ich sterben muss, nenne ich Grenzsituationen" (Jaspers 1956, 203). Diese Definition ist zunächst überraschend, insofern sie die Grenzsituationen gerade nicht als besondere Situationen auszeichnet. Das wird vor allem am ersten Beispiel deutlich, in dem Jaspers als Grenzsituation bezeichnet, „dass ich immer in Situationen lebe". Karl Jaspers will sichtlich mit dem Ausdruck *Grenzsituation* all das beschreiben, was notwendig und unausweichlich zum menschlichen Leben gehört. Der Begriff der Grenzsituation wird aber sogleich interessant, wenn man nur einen Schritt – vielleicht über Jaspers hinaus – weitergeht und feststellt, dass man normalerweise die Grenzen des menschlichen Daseins nicht spürt. Vielmehr sind es erst Situationen der Gefährdung oder, auf der anderen Seite, der Lebenssteigerung, die die Grenzen spürbar werden lassen, und damit was menschliches Leben eigentlich heißt. Und diesen Schritt können wir sicherlich wieder mit Jaspers tun, nämlich festzustellen, dass man das menschliche Dasein erst eigentlich, d.h. bewusst vollzieht, wenn zugleich dessen Grenzen spürbar werden. Jaspers sagt, dass das eigentlich menschliche Dasein – bei ihm terminologisch als *Existenz* bezeichnet – sich im Ergreifen der Grenzsituationen vollzieht: „Wir werden wir selbst, indem wir in die Grenzsituationen offenen Auges eintreten [...]. Grenzsituationen erfahren und Existieren, ist dasselbe" (Jaspers 1956, 204)."

2. *„Es ist alles nichts, doch so, daß der Ernst des Tuns vertieft und nicht gelähmt wird."*[11] Was heißt das aber konkret? Was bedeutet dieses „Es ist alles nichts" und wie befreit man sich aus dieser Art der Enge? Wie soll man den „Ernst des Tuns" verstehen, so dass man vom sogenannten „Alles nichts" nicht gelähmt wird – obwohl die unmittelbare Neigung dazu spontan zu verspüren ist?

„Wir werden wir selbst, indem wir in die Grenzsituationen offenen Auges eintreten [...]. Grenzsituationen erfahren und Existieren, ist dasselbe"[12] In dieser Aussage werden die Aspekte genannt, die für die Klärung der oben gestellten Fragen relevant sind: Es sind das Ich, die Grenzsituation, in der es sich befindet und sie erfährt, wie auch die radikale Verantwortung, die es für sein persönliches Leben tragen soll, ja tragen muss, um das zu sein, was es ist – als Individuum und als Teil einer Gemeinschaft.

Das Phänomen der Grenzsituation wirft den Menschen auf sich selbst und zwingt ihn, sich selbst zu bedenken: **Die Frage „Wer bin ich?" und die Frage nach dem Sinn des eigenen Lebens sind mit voller Wucht präsent!** Sie werden zwar „Fragen" genannt, sind aber keine Fragen, die eine konkrete, begrenzte Antwort verlangen, sondern **Lebens-Situationen, in denen das Leben gewissermaßen an die Tür klopft und nach bedingungsloser Klärung, Rechenschaft und Entscheidungen verlangt!**

3. Seit mehr als zwei Jahrhunderten sind das gesamte Denken und das gesamte Selbstempfinden des Menschen von seinem Willen geprägt, *sich selbst zu bestimmen.* Dieser Wille hat den Menschen der westlichen Kultur dazu geführt, für sich den Weg der Verwirklichung der *menschlichen Freiheit* und dadurch der Verwirkli-

---

[11] K. Jaspers, S. 209; von mir betont
[12] Ebd. S. 209

chung des *Menschlichen in seiner individuellen Prägung* zu bestimmen.

Dazu wird nicht „Bildung", auch nicht bloß Anhäufung von Information („Wissen") in den unterschiedlichen Bereichen der Kultur verlangt; dazu ist auch nicht die Art unserer persönlichen Entwicklung entscheidend, sondern unser **persönliches *Wachstum*.**[13]

I.1. Zwischen Entwicklung und Wachstum

1. Um dem Wesen des Wachstums näher zu kommen, müssen wir es grundsätzlich von jeglicher Art von Entwicklung unterscheiden. [14]

Die Rede von Entwicklung ist grundsätzlich nur in Bezug auf Lebewesen sinnvoll: Das Wesen der Entwicklung besteht in einem Prozess, der einer inneren Notwendigkeit gehorcht, die dem Wesen, das sich entwickelt, vorschreibt, wie dieser Prozess in ihm vorgehen soll.

Das Leben, das Lebendige, verfügt über Entwicklungskräfte, die sich nach einem Lebensprinzip entfalten: Jeder Organismus entwickelt sich gesetzmäßig nach in ihm innewohnenden Anlagen zu einem art- oder gattungsmäßigen Endzustand.

Das Wesen der Entwicklung besteht also im Sichtbarwerden, im Zutage treten von keimhaften Anlagen. Die Entwicklung stellt eine zunehmende Differenzierung dar, und der Endzustand, in dessen Richtung sich die Entwicklung vollzieht, bedeutet das Ende der Differenzierung der keimhaften Anlagen und lässt das „Endprodukt" wahrnehmen.

Während bei den Pflanzen und bei den Tieren dieser Endzustand

---

[13] Siehe Kultur S. 148f.
[14] Vgl. Kultur S. 150ff.

das Ende ihrer biologischen Entwicklung darstellt, und wir nehmen dann eine bestimmte Pflanze oder ein bestimmtes Tier wahr, bildet dieser Endzustand der Entwicklung beim Menschen den *Ansatzpunkt* zu seinem *wahren, eigentlichen* Leben.

Das heißt, beim Menschen spielt nicht bloß die physische Existenz und ihre Möglichkeiten die Hauptrolle, sondern die Frage, inwiefern diese physische Existent von Selbst-Wahrnehmung, von Selbst-Bewusstsein und dementsprechend von Selbst-Deutung oder Selbst-Bild geprägt ist. Erst vor diesem Hintergrund ist es sinnvoll, von der *Frage nach dem Sinn des Lebens* zu sprechen – oder was dasselbe ist – von der Frage: **„Wer bin ich?"**.

Das Sich-selbst-als-*wahr*-nehmen, die Frage nach der Möglichkeit einer *echten, wahren persönlichen* Existenz, nach der *Echtheit der eigenen Person*, bilden den *geschlossenen Zusammenhang*, den wir mit dem Ausdruck *„Leben eines Menschen"* bezeichnen.

Der Wunsch nach Glück, der Drang, echt oder wahr zu sein und der persönliche Hunger nach einem Sinn-erfüllten Leben reichen an sich nicht aus, um tatsächlich glücklich und wahr zu sein! Es kommt darauf an, die richtige Quelle zu finden, die diesen Wunsch, Drang und Hunger *tatsächlich* stillt.

2. *Mangelhafte* Selbst-Wahrnehmung besteht in der *falschen Identifizierung* der *eigenen empirischen Person*, mit ihrem Fühlen, Wollen und Denken mit dem *wahren Selbst* dieser Person. Das heißt, die Aufmerksamkeit ist darauf gerichtet, den Leib zu kennen, zu wissen, was uns bekommt und was uns gut tut usw. Die Aufmerksamkeit ist genau im gleichen Maß darauf gerichtet, unsere psychische „Seite" zu kennen: Was uns nervös stimmt und was uns beruhigt, was uns bedrückt und was uns Wohlgefühl vermittelt.

Mit andern Worten: Bei der mangelhaften Selbst-Wahrnehmung ist der Mensch darauf bedacht, seine *äußeren Möglichkeiten* zu verwirklichen, die er *fälschlicherweise* mit *sich selbst identifiziert.*

Beim *richtigen* Sich-selbst-wahrnehmen geht es **niemals** um eine „Selbst-Erfahrung" im Sinne der Vermehrung der Erkenntnis darüber, was der Mensch erfahrungsmäßig darstellt (empirisches „Selbst"-Erkennen), sondern es geht **immer und ausschließlich** um die Offenbarung dessen, was der Mensch, kraft seines Wesen als Mensch und als Individuum, sein kann, aber auch von dem, was er kann und was er **unbedingt sein soll.**

Die Selbst-Wahrnehmung, die den Menschen zum Bewusstsein dessen führen kann, was er unbedingt sein soll, also *er selbst,* untersteht keinem Automatismus. Oft sind Erschütterungen nötig, die als „Initialzündung" für einen derartigen Vorgang dienen. Es sind *negative* persönliche Verlusterfahrungen (Tod einer lebenswichtigen Person, Verlassen-werden von einer solchen Person, Arbeitslosigkeit, Scheitern udgl.), oder aber *positive* Erfahrungen (Liebe, Sich-bewähren in einer bestimmten lebenswichtigen Tätigkeit, der religiöse Glaube udgl.), die den Menschen dazu führen, den Grund seines Selbst, seines „Ichs" zu überdenken und dabei den Drang zu verspüren, **vom Schein seiner Existenz zur Wahrheit der persönlichen Existenz durchzustoßen.**

3. Die Intuition im Moment der *richtigen* Selbst-Wahrnehmung wirkt wie ein Blitz, der zur tiefsten Einsicht führt, was es eigentlich bedeutet, Augenblick und Ewigkeit in sich zu verschmelzen. Es ist an sich eine *intensive positive* Erfahrung, die *den Willen und die Entscheidung zum Leben* darstellt: **Es ist eine Erschütterung, die uns für uns selbst wahrnehmbar macht!**

Es ist die Offenbarung eines Endgültigen der individuellen Person in ihrem Inneren, ein Endgültiges, das der Mensch in sich verspürt, ein *Endgültiges, das Sein und Leben bedeutet!* Das zu verstehen und dazu zu stehen, genau darin besteht die **wahre Treue** *des Individuums sich selbst gegenüber.*

Erst im Zuge einer solchen Erschütterung und mit dem durch sie erweckten Bewusstsein beginnt der Mensch zu **wachsen**! Das Wesen des Wachstums besteht also in der Offenbarung des Konstanten des Individuums in ihm und in dessen Entfaltung und Verwirklichung im alltäglichen Leben. *Es ist das, was als „Wahrheit-Sein" und als „Wahrheit-tun", oder – was dasselbe ist – „Wahrheit-Leben"* verstanden wird.

Wachstum bedeutet also nichts anderes als *sehend* werden: Das Aufscheinen dieses Endgültigen am inneren Horizont des individuellen Lebens bedeutet, dass es ein „Licht" gibt, das die Wahrheit aufscheinen lässt und so das Individuum sich selbst im Lichte der Wahrheit sehen lässt. Der Grad dieses Wachstums heißt **Reife**, und die Tatsache des Wachsens, also das Wachstum selbst, heißt **Fortschritt**.

Diesen Wachstumsgedanken möchte ich im Folgenden präzisieren und mittels der zwei Phänomene verdeutlichen, in denen der Mensch Wachstum in seiner reinsten Gestalt und in seinem tiefsten Sinn erfährt, oder zumindest erfahren kann: Gemeint sind die Liebe und der religiöse Glaube.

I.2. Von der menschlichen Authentizität

1. Mit der Erwähnung der Liebe und des religiösen Glaubens soll verdeutlicht werden, was Wachstum eigentlich bedeutet. Die zwei sind nicht zufällig in einem Atemzug genannt worden, sie sind aber *nicht gleichwertig.* Es handelt sich um zwei Grenzsituations-Zusammenhänge, die nicht durch Verlust, Elend oder Trauer udgl., sondern die durch einen **Lebens-Gewinn-Horizont** geprägt sind. Insofern sind sie als *positiv* zu verstehen.

Wodurch zeichnen sich also die Liebe und der religiöse Glaube aus, und warum stellen sie den stärksten Impuls zum Wachstum und des Wachstums dar?[15]

In beiden Fällen handelt es sich um etwas, das das Individuum zu seiner *persönlichen menschlichen Echtheit* erweckt. Denn in beiden Fällen handelt es sich um eine persönliche Beziehung, in der und durch die die *echte Individualität konstituiert* wird.

Echte Liebe und echter religiöser Glaube beruhen auf persönlicher Begegnung, die im **Betroffen-Sein intensivster Art** besteht. *Der Mensch ist einer Macht begegnet, die ihn ganz "erobert" hat – das ganze Herz und das ganze Ich. Die Totalität der Liebe und des Glaubens ist Folge der verzehrenden und erschütternden Intensität der Liebes- und Glaubensforderung. Sie lässt für anderes einfach keinen Raum.*

„Forderung" – denn diese Macht fordert den Menschen auf, *sich zu* **bewähren**, d.h., sie drängt ihn zur **Verbindlichkeit** und so zu sich selbst. Er muss sich ihr zur Bewährung aussetzen. Und er muss es tun, weil das, was er da erfährt, das berührt, was ihn *unbedingt* angeht, was ihm *am Ursprünglichsten* ist, nämlich **er selbst**.

Und wenn diese Liebe und dieser Glaube lebendig sind, dann sind sie eines steten Wachstums nicht nur fähig, sondern ihm auch unterworfen, und dieses Wachstum drückt sich darin aus, dass das **spezifisch Individuelle am Menschen als Ich** immer mehr Gestalt annimmt: Die Äußerung der Gesamthaltung eines Menschen, der von der Liebe oder vom Glauben erfüllt, getrieben und motiviert

---

[15] Vgl. Kultur S. 154 ff.

wird, ist dann *in ihm selbst begründet* und kann *nicht* einfach als Anpassung an die Umwelt oder einfach als Reaktion auf sie und auf ihre Forderungen gelten.

So gesehen, stellen Liebe und Glaube, jeder an und für sich, den Inbegriff eines *neuen Lebens* dar, gewissermaßen eine neue, *zweite Schöpfung des Menschen*. Und das ist so und kann so sein, weil die Liebe wie der Glaube sich in jeder Hinsicht als *ein ursprüngliches Etwas in unserem Bewusstsein zeigen. Das heißt, sie zeigen sich als etwas, das nicht abgeleitet oder vermittelt ist, sondern als etwas, das **Ursprünglichkeit** und **Unmittelbarkeit** aufweist*: Dieses Etwas durchdringt und begründet das Gefühl, das Bewusstsein und den Willen, folgt aber *nicht* aus ihnen.

Die Grenzsituation, die in der Begegnung mit dem Geliebten oder mit Gott besteht, schafft eine ganz neue Situation im Leben des Individuums: Indem der Mensch einsieht, dass das, was das *neue Leben* stiftet, ihn *transzendiert*, besteht für ihn *die Notwendigkeit, sich auf diesen für ihn endgültigen Sinnhorizont zu beziehen; es besteht für ihn dann die Notwendigkeit, sich auf das Ganze hin zu transzendieren, das für ihn nun als Wirklichkeit gilt und das ihm seine eigene Wirklichkeit aufmerksam macht und sie stiftet, d.h. ihn selbst wirklich macht.*

2. Das alles bedeutet jedoch für den Menschen **zunächst, sich selbst in Frage zu stellen**, ja sich selbst gewissermaßen aufzugeben: Er befindet sich in einer Grenz-Situation! Denn diese notwendige Bezugnahme auf den endgültigen Sinnhorizont setzt einen sehr hohen Grad an Orientierungsfähigkeit in einer Wirklichkeit voraus, in die er gerade hineingeboren worden ist. Die Liebe und der Glaube, wenn sie ernst genommen werden, weisen den Men-

schen zunächst auf seine "Nichtigkeit" und seine „Kreatürlichkeit" hin. Daher lösen sie einen Lernprozess aus, bzw. gehen in einen Lernprozess ein, der nicht bloß zu Verhaltensänderungen führen soll, sondern zur Formung des ganzen Alltagslebens in Gedanken, Worten, Gefühlen und Handlungen.

Es gehört zur Natur echter Liebe und echten Glaubens, dass die "Nichtigkeitsgefühle" und „Kreatürlichkeitsgefühle", die sie erwecken, den Menschen nicht erdrücken, sondern ganz im Gegenteil ihn trotz aller Unsicherheit aufrichten und ihn sich selbst finden lassen – ihn also *wachsen* lassen.

Die Begegnungserfahrung mit dem Geliebten oder mit Gott verlegt das Zentrum des Selbstverständnisses des Individuums *von der Subjektivität zur Wirklichkeit* und bewirkt dadurch die zunehmende Umstrukturierung seiner Wahrnehmungsfähigkeit und seines Wahrnehmungsfeldes, was sich in bestimmten Lebensformen und Verhaltensweisen ausdrückt. Ähnliches geschieht im gleichen Maß in Umstände, die als *negativ* verstanden sind (Verlust, Elend, existentielle Krise udgl.) werden.

Wichtig ist aber die Voraussetzung für diese Praxis: der durch diese Erfahrung in Gang gesetzte *Lernprozess*. Denn sowohl Lieben als auch Glauben *muss gelernt werden*. Der Mensch muss lernen, wie er lieben und wie er glauben soll, d.h., wie er damit umgehen soll. Er muss lernen, dass er nicht jedes Liebesgefühl und jede Liebesneigung pflegen darf, ohne sich zu fragen, ob diese Liebe für ihn sinnvoll ist und seinem Wesen gemäß ist. Er muss sie gestalten und sich überlegen, ob er sie unbedingt erfüllen muss oder ihr die Erfüllung verweigern soll und verweigern muss. Eine echte und reife Liebe ist, wie echter und reifer Glaube, eine mühsam eingeübte

Haltung des Menschen der Welt gegenüber. Das bloße "Gefühl" der Liebe und das bloße "Gefühl" des Glaubens kann beim Menschen eine wilde innere Erregung von dämonischen Dimensionen entfachen, die für ihn *nur noch die Selbstzerstörung bedeuten kann.*

Diese Möglichkeit der Selbstzerstörung eines Menschen und der Gefährdung seines Mensch-Seins bei seinem Versuch, sich selbst zu verwirklichen und endlich glücklich zu sein, wirft uns zum Wachstumsprozess zurück. Diesen Prozess können wir auch die Begegnung des Menschen mit seinem "Schicksal" nennen. Denn ausschließlich im Wachstum kann der Mensch sein eigenes "Schicksal" und somit sein eigenes Glück schmieden. *In jeder anderen Hinsicht ähnelt der Mensch einem Blatt im Wind. Denn nirgends sonst hat der Mensch die Freiheit der Entscheidung, und nirgends sonst erfährt er sie so wie im Entschluss zum Wachstum.*

3. Der Zugang zur Wahrheit und zur Wirklichkeit setzt *Freiheit* voraus und bedeutet für uns Freiheit: Wir können uns selbst nur in der *Freiheit der Entscheidung* (etwa des Glaubens oder der Liebe) erschließen. In der *Freiheit der Entscheidung* erfährt der Mensch seine **Selbst-Verantwortung**. Daher kann eine richtige Entscheidung, also die Entscheidung zum Wachstum, als der Zugang zu seinem wahren und wirklichen Selbst gelten.

Diese Freiheit der *Entscheidung* (Freiheit der Entscheidung und nicht bloß Freiheit der Wahl) ist wesentlich für die Konstitution des Individuums. Denn *in dieser Entscheidung geht* es *darum, den Schein aufzuheben und das Wahre sichtbar zu machen, damit der Mensch zu seinem eigenen Wesen kommt. **Im Vollzug dieser Verwandlung seines Selbst und der Welt** besteht die **echte Freiheit**.*

Es muss hier betont werden, dass diese Freiheit *nur dann* bestehen kann, *wenn* diese Entscheidung *bedingungslos* ist. Diese Entscheidung gewährt kein „reiches, schmerzloses, süßes, gutes Leben" und sie ist auch keine Grundlage für irgendeinen "rechtlich einklagbaren Lohn". Denn nur so, d.h. *bedingungslos, kann eine **echte Individualität** tatsächlich konstituiert werden.*

Das ist auch der Grund, warum wir die Betonung auf die Freiheit der Entscheidung und nicht auf die "Freiheit der Wahl" legen. Die Freiheit der Wahl ist erstens eine bedingte Freiheit, und zweitens steht das Objekt der Wahl in ihrem Zentrum. *Die Freiheit der Entscheidung hebt die Verantwortung des Individuums für sein Tun und somit für das persönliche Wesen dieses Individuums hervor.* Eine Entscheidung ist immer eine Entscheidung zu sich selbst, deshalb ist sie auch *verbindlich.* Nur deshalb können wir uns in der Freiheit der Entscheidung selbst erschließen.

In dem, was mit „Verantwortung" und „Verantwortlichkeit" verstanden wird, bringt das Individuum das zum Ausdruck, was ihm als *Mensch* und als *Person* wesentlich ist.

Das heißt, die Fähigkeit zur Verantwortung wie das Verantwortlich-Sein bedeuten den *Zugang* der Person zur (*wahren*) *Wirklichkeit* wie auch die wesenhafte *Bindung* an sie. Und genau im gleichen Maß wie diese Wirklichkeit mehr als deren vielen möglichen Fragmente („Abstraktionen") ist, aber auch weit mehr ist als die durch Reflexion vollzogenen Zusammensetzung der vielen einzelnen Bestimmungen von Tatsachen, so ist auch Verantwortung mehr als die Umgangsweise des Menschen mit den vielen einzelnen konkreten, ihm jeweils gegenwärtig gegebenen Situationen.

Verantwortlichkeit, also die Fähigkeit des Menschen um seine Verantwortung zu wissen und ihr nach den bestimmten Umständen zu entsprechen und gerecht zu sein, konstituiert die menschliche Daseins-Situation in der Welt. **In der Verantwortung wird der Mensch konkret, in der Verantwortung konkretisiert er seine verborgene Motivation und Absicht und wird so als wirkliche Person sichtbar.**

Im Verantwortungs-Bewusstsein wie auch in dem daraus folgenden verantwortlichen Handeln und in der daraus folgenden verantwortlichen Lebensführung bewährt sich der Mensch als Mensch im Allgemeinen und als Person im Besonderen.

4. Eine Kategorie, die oft in einem Atemzug mit Verantwortung genannt wird, ist die der *Schuld*. Man neigt dazu, Schuld in ‚individuell' und ‚kollektiv' zu differenzieren. Das geschieht in der Regel da, wo Einzel-Personen sich von Verantwortung für bestimmte Taten oder Umstände wie auch für die eventuelle Folgen aus diesen und so von Schuld „befreien" wollen. Diese Betrachtungsweise wurzelt sich jedoch in einem fehlerhaften Verständnis der Schuld.

Schuld ist ihrem Wesen nach immer kollektiv! Das heißt, die Person trägt in ihrem Leben etwas, was nicht als unmittelbarer Ausdruck ihrer Persönlichkeit gelten kann. Sie ist Träger von etwas, dessen Entstehung sie nicht beherrscht oder beherrschen kann.

Die einzig mögliche, wirklich individuelle Kategorie ist daher die **Un-Schuld,** *eine Kategorie, welche* **die andere Seite der persönlichen, individuellen Verantwortung** *ist!*

Konkret heißt das: **Verantwortung besteht in der Verwirklichung der Un-Schuld**. Hier strengt sich ein Mensch an, einerseits mit all dem zu brechen, was dessen Fortsetzung, gleich in welcher Gestalt, ihn mit Schuld belasten wird, andererseits sich streng davon abzugrenzen, was sein Leben wie seine Lebensführung und sein Verhalten direkt mit Schuld belasten werden kann.

Es handelt sich um **das Sich-Selbst-Bedenken des Menschen, hier verwirklicht eine Person das, was zum Wesen ihrer Individualität gehört: Wer sich nicht danach strebt, un-schuldig zu sein, un-schuldig sein Leben zu führen, der macht sich dabei schuldig!**

Ein Mensch, der etwa unter Zwangsherrschaft lebt, darf nicht sagen „Was kann ich denn tun??". Denn **hier muss er etwas tun! Er muss auf eine aktive weise sich von Schuld zu trennen!** Von ihm wird *nicht* erwartet, gegen das Regime zu kämpfen; **von ihm wird aber erwartet, sich davor zu hüten, aktiv oder passiv mit diesem Regime zu kollaborieren!**

Es ist alles anders als einfach und leicht: So zum Beispiel muss die betroffene Person auf jegliche Karriere verzichten. Ihr soll es lieber sein, ein anständiger Wasserträger als ein mit Schuld beladener Universitätsprofessor („lux et veritas") zu sein. Ihr soll die ‚Wahrheit lieber sein als ihre Selbs-Verwirklichung in Schuld sein! Wer denkt, er könne mit der Frage „Was konnte bzw. kann ich tun?" von Verantwortung und Schuld befreien, irrt sich gewaltig! Seine Verantwortung und seine Schuld werden durch diese Frage nur noch bestätigt und betont. *Sich mit Menschlichkeit negierenden Kräften und Instanzen zu kooperieren oder abzufinden, gleich von welcher Art diese sind, belädt uns mit Schuld.*

5. Eine ernsthafte Auseinandersetzung mit dem "Schicksal" führt notwendigerweise zur Einsicht, dass es *nur gewisse entscheidende Augenblicke* sind, in denen der Mensch zur *wahren* Freiheit gelangen kann. Sieht er das ein, erkennt er diese Augenblicke und nimmt er sie wahr, "dann hat er eine Frage frei an das Schicksal" (Schiller). Und was heißt das denn,
wenn nicht diese tatsächliche Möglichkeit, *ins wesenhafte Selbst durchzubrechen, es zu erhellen und wirksam zu machen –* mit einem Wort: zu wachsen?

Diese Augenblicke sind Augenblicke der Geburt des wahren Ichs, das als solches Anteil an der wahren, endgültig bestimmten Wirklichkeit hat. ***In dieser Selbstüberführung vom Scheinbaren und Zufälligen zum Wahren und Notwendigen erhebt sich der Mensch über alles Zeitliche***. "Er selbst" bleibt zwar sterblich, hat aber kraft der Tatsache, dass er "er selbst" *ist*, teil an der *ewigen Gegenwart der Wahrheit und der Wirklichkeit*.

Diese Überführung heißt, vom *Standpunkt des Individuums* aus "Wachstum", sie heißt jedoch "Fortschritt", wenn man sie vom *Standpunkt der Wirklichkeit oder von dem der Wahrheit* aus betrachtet. Das Wesen des Fortschrittes besteht im ***Verweilen auf der Insel der Ewigkeit im Zeitlichen***. Zugang zu dieser Insel kann sich der Mensch allerdings *nur* über sein
eigenes Wachstum verschaffen.

I.3. Die Frage nach dem Sinn des Lebens[16]

1. Wir haben vom *Menschen* gesprochen, *der an dem haftet, was an ihm* scheinbar *und so **zufällig** ist*. Er ist ein Mensch, der an dem haftet, was durch sein vordergründiges Selbst-Verständnis oder durch seine Selbst-Deutung bestimmt ist. Ein solcher Mensch lebt *uneigentlich*, d.h. *sein Dasein ist nicht dem gemäß, was ihm als Mensch im Allgemeinen und als Individuum im Besonderen wesentlich ist*.

Das Problem mit einer derartigen Lebensführung besteht darin, dass das Individuum ständig durch die wechselnden Umstände und Zusammenhänge seines Lebens gedrängt wird, das Scheinbare und das Zufällige an ihm zu festigen. Diese zwei Umstände verpflichten es zunehmend: *Sein vordergründiges Selbstverständnis wird zur persönlichen Identität, der es sich zunehmend verpflichtet fühlt. „Sie", dieses diffuses Etwas, das es für „seine" Identität hält, wird für es immer verbindlicher!*

Dieses immer enger werdende „Identitäts-bildungs-Verfahren" kann ab einem bestimmten Punkt nur eine *Erschütterung* – positiv oder negativ – stoppen: Sie kann zum Erwachen des Individuums zu sich selbst – oder zu einem Zusammenbruch seines Selbst-Bildes führen.

Eine Erschütterung ist in dem Fall *nicht besonders heilsam*, wenn die betroffene Person den Zusammenbruch dessen erfährt, was sie für einen festen Lebens-Rahmen hielt und was sie als sichere Lebens-Orientierung verstand.

Die Erschütterung kann erst dann heilsam sein, wenn die betroffene Person dabei eine Ahnung davon erfährt, was ihr Leben zu einem Leben in einer höheren Ordnung bestimmen kann. Bis zum Mo-

---

[16] Sieh Kultur S. 160

ment der Erschütterung war sie „einseitig" und führte ein „einseitiges" Leben; nun spürt sie das Bedürfnis, sich in einen *ganzen Menschen* zu verwandeln – sie muss sich neu orientieren!

Wer das in dieser Deutlichkeit und in dieser Eindeutigkeit erfahren hat und dabei gleichzeitig eingesehen hat, was es für ihn bedeutet und was darauf folgen muss, *der fängt an zu wachsen.*

Mit dem Verstehen der Bedeutung dieser Erfahrung ist nicht ihre theoretische Deutung gemeint. Gemeint ist vielmehr die Erkenntnis, dass die mit dieser Erfahrung verbundene und durch sie erweckte Sehnsucht nach wahrhaftem, authentischem Dasein *an sich noch keine Bedeutung* hat, *wenn* man nicht *gleichzeitig* in sich den Impuls verspürt, der nun *das eigene Leben bestimmen* soll, **vom Schein zur Wahrheit, vom Schein zum Wesenhaftem durchzustoßen**.

2. Wachstum als Offenbarung des Konstanten des Menschen in ihm bedeutet also nichts anderes als der Prozess der Überführung des Scheinbaren, des relativen und des Zufälligen am Menschen in den wahren Kern seiner Persönlichkeit. Es handelt sich um einen Prozess, in dem sich der Mensch des ursprünglichen Ganzen seines Wesens zunehmend bewusst wird und sich damit in die Wahrheit seines Daseins führt.

Dabei geht es jedoch nicht bloß um die Erhebung des Menschen in einen höheren Bewusstseins-Zustand, sondern um die „Verlegung" des Menschen selbst von seinem empirisch-konkret bestimmten Lebenszusammenhangs in den Rahmen der wahren Wirklichkeit: *Vor dem Hintergrund der Ganzheit dieser Wirklichkeit erfährt der Mensch sich in der Ganzheit seiner Person*.

Wachstum stellt eine *erkenntnismäßige* Verwandlung des Individuums dar, in deren Vollzug es sich in die Wirklichkeit als Ganzes integriert. Im Laufe dieses Prozesses ändert es seine existentielle und emotionale Beziehung zu seiner Welt – seine menschliche und nicht-menschliche Umwelt, was natürlich nicht ohne Wirkung auf diese bleibt. So besteht das Wachstum in der Offenbarung und in der Entfaltung des individuellen Wesenskerns.

Wenn viele Menschen heute nach „ganzheitlicher Schau" und nach „religiösen und spirituellen Erfahrungen" suchen, suchen sie in Wahrheit nach der Art der Erfüllung, die das Wachstum darstellt und aus ihm hervorgeht. Die Gefahr bei dem immer steigenden Interesse an Meditationspraktiken und an esoterische Lehren unterschiedlicher Art besteht darin, dass sich die Suchenden durch sie nur noch mehr von dem entfernen, was sie wirklich suchen.

Dass diese Gefahr, sich auf der Suche nach dem Wahren und des Wirklichen auf dem Holzweg zu befinden, schon lange bekannt ist, bezeugt Dante in seiner „Göttlichen Komödie":

„Und wie fern mit euren Wegen seid ihr
von Gottes Weg so fern wie von Erden
des höchsten Himmels Glanz und Herrlichkeit".[17]

3. In Zusammenhang mit dem Phänomen des Wachstums wird die *Frage nach dem Sinn des Lebens relevant*: Welchen Sinn hat *jedes individuelle, persönliche Leben?* Das, was unserem Leben, jedem privaten Leben, Sinn verleiht – um es auf eine kurze Formel zu bringen – ist die Selbstverwirklichung und das Selbstsein der individuellen Person. Eine andere für uns sinnvolle Frage, die die eben genannte tangiert, ist die Frage nach dem Sinn *im* Leben von jedem von uns. Der Sinn *des* Lebens eines Menschen unterscheidet sich also grundsätzlich von dem Sinn *im* Leben eines Menschen.

Dieser grundsätzliche Unterschied wird durch den bestimmenden Rahmen festgelegt, der dem jeweiligen Sinn-Begriff eigentümlich ist.

---

[17] Dante Alighieri, Die göttliche Komödie, Purg. 33

Sinn im *Leben* ist *subjektiv, beliebig* und *relativ* in seinem Gehalt. Der Rahmen, in dem diese Art der Sinngebung bestimmt wird, ist das alltägliche Leben. Es geht um eine bestimmte persönliche Beschäftigung im breitesten Sinne des Wortes; diese kann kurzlebig sein, oder lebenslang bestehen bleiben. In dieser Art des Sinns kommt ein bestimmtes persönliches Interesse zum Ausdruck, jedoch ohne dabei einen notwendigen Bezug auf den Wesenskern des Individuums herzustellen: Die persönlichen Interessen und Tätigkeiten – von Arbeit, Kindererziehung, Sport, Lesen usw. – ändern sich oft im Laufe des Lebens, *ohne jedoch den Sinn des Lebens berührt zu haben.*

Der **Sinn des Lebens** bezieht sich auf das Selbst-Sein der individuellen Person und ist weder subjektiv noch relativ noch beliebig in seinem Wesen. Hier steht das **Selbst-Sein als Ganzes** in Zusammenhang mit der **Wirklichkeit als Ganze** in Einklang; diese Beziehung stiftet das, was als Sinn des Lebens eines Menschen verstanden wird.

Es ist das, was wir *Wachstum* genannt haben. Das Wesen des Wachstums besteht darin, **in Wahrheit zu handeln und in Wahrheit zu sein**, oder, was dasselbe ist, in **Wahrheit zu leben**. Das Wesen des Wachstums besteht also in der *Offenbarung des **Konstanten** des individuellen Wesens einer Person und in dessen Verwirklichung im eigenen alltäglichen Leben.*

*Die **Wahrheit** ist **das Einzige**, was der **Person** und der **Wirklichkeit** gemeinsam ist.* Die *Wahrheit der Person und des persönlichen Lebens* ist nichts anderes als die **echte, vollkommene** – nicht bloß volle – **Wirklichkeit der Person. Danach soll sie streben und darin besteht ihr Streben nach Glück.**

Das **Höchste**, was eine Person in sich trägt, ist nichts anderes als **ihr (eigenes) Selbst** und **die Wahrheit, also Echtheit und Authentizität ihres Selbst** – es **ist ihr wahres, also echtes, authentisches persönliches Leben!**

Die Rede von der Stellung des Menschen in der Welt ist in ihrem Kern nichts anderes als die Frage nach dem persönlichen Sinn des Lebens. Die Beantwortung dieser Frage ist von der persönlichen Fähigkeit geprägt, *sich als **wahr** zu nehmen.*

Der Mensch als Wirkliches ist ein integraler Teil der Wirklichkeit im Ganzen. Diese persönliche Stellung des Individuums im Rahmen der Wirklichkeit ist ***durch die Wirklichkeit selbst*** bestimmt. Wenn also das Bestehen eines Menschen Sinn hat (Sinn *des* Lebens), muss dieser Sinn nicht bloß durch den Wirklichkeitszusammenhang bestimmt sein, sondern darüber hinaus Teil eines größeren Sinnzusammenhangs sein, der letztlich die Wirklichkeit im Ganzen umfasst.

4. Wenn die persönliche Stellung des Menschen im Rahmen der Wirklichkeit durch die Wirklichkeit selbst bestimmt ist, dürfen wir dann davon ausgehen, dass die Religion – etwa Judentum, Christentun, Islam – den Bereich darstellt, wo wir eine klare und eindeutige Antwort auf die Sinnfrage erlangen können?

Die Antwort auf diese Frage ist ein eindeutiges „nein!". Religiöse Menschen sind von der Möglichkeit einer Grenzsituation nicht befreit. Die Religion gibt dem Gläubigen einen Lebensrahmen, wie auch die konzeptuelle Grundlage für die Bestimmung dieses Rahmens vor. Dazu gehören Handlungsanweisungen für die Orientierung und für die Lebensführung in diesem Rahmen.

Der Mensch, der im Glaubenszusammenhang sein Leben führt, unterscheidet sich ***als Mensch*** auf gar keine Weise von einem nicht religiösen oder von einem religions-ablehnenden Menschen, wobei muss betont werden, dass der Glaubende *ständig* darauf achten muss, dass ***sein Leben durch den Gottesglauben und nicht durch den eigenen Selbst-Glauben bestimmt ist!*** So ist er durch eine *weitere* Lebensdimension genötigt, die Authentizität seiner Gottes-

Beziehung ständig zu klären und sie von Relativierung und Zufälligkeiten zu schützen und zu befestigen.

Der Sinn des Lebens eines Menschen stellt keine Antwort auf eine konkret gestellte Frage. Es handelt sich dabei – wie bei der Frage nach dem Lebensglück – um die Lebenssituation des persönlichen Lebensflusses eines Menschen.

Im Zuge dieses Lebensflusses lässt sich erkenntnismäßig nach und nach verstehen, was in dieser persönlichen Lebenswirklichkeit die Authentizität dieser Wirklichkeit bestimmt und befestigt. Vor dem Hintergrund dieses persönlichen Identitäts-Horizonts wird der Person immer deutlicher, worin ihre persönliche Identität besteht und gleichzeitig damit auch worin ihr Lebenssinn und ihr Lebensglück besteht bzw. bestehen kann.

I.4. „Was also ist der Mensch?"

1. Wir befinden uns in unserer Zeit in einer Situation, die krisenhafte individuelle Daseins-Situation darstellt, die sich im Zuge der Corona-Pandemie offenbarte. Dabei kommt etwas zum Ausdruck, das lange vor „Corona" da war. Die Pandemie verlangte Lebensbedingungen, die das, was *immer schon da war*, nach außen drängten.

Dabei müsste die Frage geklärt werden, warum all der *kulturelle Reichtum*, den die westlichen Gesellschaften den Einzelnen zur Verfügung stellt, zwar von ihnen „gebraucht" und „konsumiert" wird, ohne jedoch dabei die *persönlichkeits-festigende Wirkung* wirklich zu zeigen.[18]

---

[18] Vgl. Kultur, S. 166 ff.

Diese Frage will auf diesen Tatbestand hinweisen und uns zur Erkenntnis führen, was Kultur in ihrem Wesen für uns bedeutet. Dabei muss uns klar sein, dass *die Wirkung der Menschen-Vergessenheit*[19] *sehr weit über die persönliche Dimension eines Individuums hinausreicht*: Was wir sind und wie wir sind ist nicht nur für das Hier und Jetzt von Bedeutung; in dem, was und wie wir sind, setzen wir etwas in die Wirklichkeit hinein, das auf das Leben von Menschen – auf das, was und wie sie sind – wirkt oder wirken kann: Nicht nur Hier und Jetzt, sondern morgen und übermorgen, nicht nur unseren Familienkreis, sondern in vielen anderen auch.

Dazu ist Kultur da: *Uns näher zu uns selbst zu führen, den Schwerpunkt unseres Daseins von Außen nach Innen zu verlegen, uns zu verhelfen, unser Leben selbst-orientiert und nicht fremd-orientiert zu führen.*

Die *Aneignung* **und die** *Verinnerlichung* **von Kultur wirken** **zwangsläufig Identitäts-festigend und Lebens-Sinn- wie auch Lebens-Glück-stiftend.** Diese sind nicht bloß „Stärken", nicht bloß Ausdrücke einer „starken Persönlichkeit", die weiß, „was sie will". *Diese sind wesentliche Ausdrücke des individuellen Mensch-Seins! Hier, in dieser Wirkung liegt der Grund der Lebensnotwendigkeit der Kultur, hier liegt die Begründung ihrer großzügigen Förderung!*

Vielen von uns, die das ständige Bedürfnis haben, ihre *persönliche innere Freiheit* **und ihre** *persönliche Souveränität* **betonen, gehören zu den ersten, die auf die lebens-einschränkenden Maßnahmen auf eine Weise reagierten, die innere Freiheit und Souveränität vermissen ließ.**

Was *wirkliche persönliche innere Freiheit* und *wirkliche Souveränität* bedeuten, das, was auf *echten Lebenssinn* und auf *echtes Le-*

---

[19] Siehe Gut u. Böse S.

bensglück hindeutet, können wir von der Darlegung des ehemaligen KZ-Häftling Viktor Frankl lernen. Was innere Freiheit und Souveränität in der Extremsituation bzw. in der Grenzsituation eines KZs bedeutet führt er folgendes aus:

„Nach diesem Versuch einer psychologischen Darstellung und psychopathologischen Erklärung der typischen Charakterzüge, die ein länger dauernder Aufenthalt im Konzentrationslager dem Menschen aufprägt, müßte man nun den Eindruck gewinnen, daß die menschliche Seele letzten Endes von der Umwelt her zwangsmäßig und eindeutig bestimmt wird. Ist es doch, innerhalb der Psychologie des Konzentrationslagers beispielsweise, eben dieses Lagerleben, das als eigenartige soziale Umwelt das Verhalten des Menschen scheinbar zwangsläufig gestaltet. Man wird daher mit Recht Einwendungen erheben können und fragen: wo bleibt dann die menschliche Freiheit? Gibt es denn da keine geistige Freiheit des Sichverhaltens, der Einstellung zu den gegebenen Umweltsbedingungen? Ist es wirklich so, daß der Mensch nichts weiter sei als ein Produkt vielfacher Bestimmtheiten und Bedingtheiten, seien sie nun biologisch gemeint oder psychologisch oder soziologisch? Ist der Mensch also wirklich nicht mehr als das zufällige Resultat seiner leiblichen Konstitution, seiner charakterologischen Disposition und seiner gesellschaftlichen Situation? Und, im besonderen: zeigt sich an den seelischen Reaktionen des Menschen auf die besondere, sozial bedingte Umwelt des Lagerlebens tatsächlich, daß er den Einflüssen dieser Daseinsform, denen er gezwungenermaßen unterstellt ist, sich gar nicht entziehen kann? Daß er diesen Einflüssen unterliegen muß? Daß er »unter dem Zwang der Verhältnisse«, der dort im Lager herrschenden Lebensverhältnisse, »nicht anders kann«?

Nun, diese Frage können wir sowohl erfahrungsmäßig als auch grundsätzlich beantworten. Erfahrungsgemäß insofern, als das Lagerleben selber uns gezeigt hat, daß der Mensch sehr wohl »auch anders kann«. Es gäbe Beispiele genug, oft heroische, welche bewiesen haben, daß man etwa die Apathie eben überwinden und die Gereiztheit eben unterdrücken kann; daß also ein Rest von geistiger Freiheit, von freier Einstellung des Ich zur Umwelt auch noch in dieser scheinbar absoluten Zwangslage, äußeren wie inneren, fortbesteht. Wer von denen, die das Konzentrationslager erlebt haben, wüßte nicht von jenen Menschengestalten zu erzählen, die da über die Appellplätze oder durch die Baracken des Lagers gewandelt sind, hier ein gutes Wort, dort den letzten Bissen Brot spendend? Und mögen es auch nur wenige gewesen sein – sie haben Beweiskraft dafür, daß man dem Menschen im Konzentrationslager alles nehmen kann, nur nicht: die letzte menschliche Freiheit, sich zu den gegebenen Verhältnissen so oder so einzustellen. Und es gab ein »So oder so«! Und jeder Tag und jede Stunde im Lager gab tausendfältige Gelegenheit, diese innere Entscheidung zu vollziehen, die eine Entscheidung des Menschen für oder gegen den Verfall an jene Mächte der Umwelt darstellt, die dem Menschen sein Eigentliches zu rauben drohen – seine innere Freiheit – und ihn dazu verführen, unter Verzicht auf Freiheit und Würde zum bloßen Spielball und Objekt der äußeren Bedingungen zu werden und sich von ihnen zum »typischen« Lagerhäftling umprägen zu lassen".[20]

„Wir haben den Menschen kennengelernt wie vielleicht bisher noch keine Generation. **Was also ist der Mensch?** Er ist **das Wesen, das immer entscheidet, was es ist**. Er ist das Wesen, das die Gaskammern erfunden hat; aber zugleich ist er auch das Wesen, das in die Gaskammern gegangen ist aufrecht und ein Gebet auf den Lippen".[21]

---

[20] Viktor Frankl, Trotzdem ja zum Leben sagen, München 1977, S. 101f.
[21] ebd. S.130f. , von mir betont

2. Was bedingt den Unterschied zwischen dem Gaskammern-Erfinder und denjenigen, für den diese gedacht wurden? Was bringt diesen Unterschied zum Ausdruck?

Der eine steht für das, was Zivilisationsbruch genannt wird, der andere für das un-bedingte Mensch-Sein. Der erste vermutlich ein hochgebildetes Kind einer der wichtigsten Kulturnationen, der andere einfach ein Mensch, der trotz allem, was um ihn und mit ihm geschieht, in sich ruht. Der eine tief im Menschen-Vergessen-Sumpf versunken, der andere offenbart bis zum letzten Moment seines Lebens das, was **Mensch-Sein** bedeutet: **Größe und Grenze des Menschen!**

Die Betrachtung der Entwicklungsgeschichte der Kultur (in unserem Fall der westlichen) zeigt eindeutig und unmissverständlich, dass sie (die Kultur) *durch und durch* **spontan** von statten geht. Das, was „geplante", ideologisch bestimmte Kultur-Schöpfung bedeutet, wissen wir aus der Erfahrung mit den verschiedensten Menschen-verachtenden Regimen.

Hier handelt es sich also einerseits um den Unterschied zwischen Kultur als die *Auseinandersetzung des Menschen mit sich selbst* und andererseits zwischen dem Versuch, einen neuen bzw. einen anderen Menschen-Typus *zu schaffen*, wobei die „alte Menschen-Version" unterdrückt und verdrängt werden soll.

So hat sich im Laufe der Jahrhunderte in allen Kulturbereichen etwas geschaffen, was uns ermöglicht, uns selbst näher zu kommen. Die Tatsache, dass der Mensch sich nicht als vorgegeben, als „fertige Gebilde" findet, sondern durch die Frage „Wer bin ich?" zu sich geweckt wird und dies ihn, je nach dem wie er dies versteht, in Unruhe versetzt, ihn motiviert, Erkenntnis-Arbeit zu leisten. Ein *spontanes* „Produkt" dieser Unruhe und diese Erkenntnis-Arbeit sind die *Kultur-Schöpfungen*, die uns verhelfen, zu unserem individuellen Lebens-Sinn und zu unserem Lebens-Glück näher zu kommen.

Eine zentrale Rolle in dieser Auseinandersetzung des Menschen mit sich selbst spielt die *Kunst*, die uns auf ihre besondere Weise in der Lage ist, uns zu uns selbst näher zu bringen: Sie besitzt die Eigentümlichkeit, uns bei der Klärung der eigenen Identität, des Lebenssinns und des Lebensglücks zu verhelfen,

Die Klärung dieses Wesen der Kunst steht im Zentrum des nächsten Teils.

II. Die Selbst-Erkenntnis des Menschen als Grundlage seiner tatsächlichen Verwirklichung: Die Grundlagen der Philosophie der Kunst

II.1. Philosophie, Kunst und Wirklichkeit 1

1. Die Klärung der entscheidenden Rolle der Kunst im Rahmen des **Strebens des Menschen nach klarer Selbst-Orientierung in der Welt** ist in ihrem Wesen *erkenntnis-theoretisch*: Es geht um die system-philosophische Klärung des *Erkenntnisbereichs der Kunst*. Der Grund dafür besteht in der Tatsache, dass Kunst nicht bloß eine Erscheinung in unserer Wirklichkeit ist, sondern selbst einen besonderen Teil der Wirklichkeit darstellt.

Das heißt, das Wesen der Kunst bzw. des Kunstwerks lässt sich von keinem anderen Wirklichkeitszusammenhang ableiten und in dem, was das Kunstwerk als solches darstellt, kann es in keinem anderen Wirklichkeitsbereich ausgedrückt werden.

Die Klärung des Wesens der Kunst möchte ich mit einer Äußerung des Physikers Werner Heisenberg verdeutlichen. Er bespricht zwar das Verhältnis zwischen der naturwissenschaftlichen und der religiösen Wahrheit, seine Überlegungen sind jedoch, wie ich sie verstehe, für unseren Zusammenhang punktuell relevant.

„Schon früher habe ich zu formulieren versucht, dass es sich bei den Bildern und Gleichnissen der Religion um *eine Art Sprache* handelt, die eine *Verständigung* ermöglicht über *den hinter der Erscheinungen spürbaren Zusammenhang der Welt, ohne den wir keine Ethik und keine Wertskala gewinnen könnten*. Diese Sprache ist im Prinzip ersetzbar wie jede Sprache; in anderen Teilen der Welt gibt und gab es andere Sprachen, die der gleichen Verständigung dienen. Aber wir sind in einen bestimmten Sprachraum hineingeboren. *Diese Sprache ist der Sprache der Dichtung näher verwandt als jener der auf Präzision ausgerichteten Na-turwissenschaft*. Daher bedeuten die Wörter in beiden Sprachen oft etwas Verschiedenes. Der Himmel, von dem in der Bibel die Rede ist, hat wenig zu tun mit jenem Himmel, in den wir Flug-zeuge oder Raketen aufsteigen lassen. Im astronomischen Univer-sum ist die Erde nur ein winziges Staubkörnchen in einem der unzähligen Milchstraßensysteme, für uns aber ist sie die Mitte der Welt – sie ist wirklich die Mitte der Welt. Die Naturwissenschaft versucht, ihren Begriffen eine objektive Bedeutung zu geben. *Die religiöse Sprache aber muss gerade die Spaltung der Welt in ihre objektive und ihre subjektive Seite vermeiden; denn wer könnte behaupten, dass die objektive Seite wirklicher wäre als die sub-jektive. Wir dürfen also die beiden Sprachen nicht durcheinan-der bringen, wir müssen subtiler denken, als dies bisher üblich war*".[22]

Wichtig für unseren Zusammenhang sind die hervorgehobenen Stellen. Heisenberg bezieht sich dabei zwar auf die Religion, diese Textstellen haben aber *meiner* Meinung nach eine von der Religion vollkommen unabhängige allgemeine Bedeutung. Dementspre-chend sind folgende Angelegenheiten zu klären:

- Was bedeutet die Aussage, dass die Bilder und Gleichnisse der Religion eine Art Sprache darstellen?
- Inwiefern steht diese Art der Sprache der Sprache der Dichtung „näher als jener der auf Präzision ausgerichteten Naturwissen-schaft"?
- Warum ist die Sprache der Religion, aber auch die ihr verwandte Sprache der Dichtung in der Lage, uns „über den hinter der Er-

---

[22] Naturwissenschaftliche und religiöse Wahrheit, Physikalische Blätter, 29. Jahrgang, August 1973, Heft 8, S. 347f. In:
https://onlinelibrary.wiley.com/doi/epdf/10.1002/phbl.19730290801
17.2.2020, 17:00; von mir betont

scheinungen spürbaren Zusammenhang der Welt, ohne den wir keine Ethik und keine Wertskala gewinnen könnten", die Verständigung zu ermöglichen?

- Warum dürfen wir mit Sicherheit behaupten, dass „die Spaltung der Welt in ihre objektive und ihre subjektive Seite" unzulässig ist?

2. Der Zusammenhang der Klärung dieser Fragen ist das Streben nach Selbst-Erkenntnis im Unterschied zur insgesamt intuitiven Selbst-Deutung. Der Übergang von Selbst-Deutung zur Selbst-Erkenntnis *kann nicht* „verstandesmäßig abgeleitet" vonstattengehen.

Wie es denkrisch gehen soll, darauf deuten Heisenbergs Aussagen. Dafür benötigt das Denken einen Umweg, der aus den Andeutungen und Hinweisen zu entnehmen ist. Der Träger dieser Andeutungen und diesen Hinweise ist die **Sprache**, die jedoch im **allgemeinsten Sinne des Ausdrucks** zu verstehen ist.

„Sprache, das umfassendste und differenzierteste Ausdrucksmittel des Menschen, zugleich die höchste Erscheinungsform sowohl subjektiven, wie auch des objektiven Geistes".[23] Oder anders ausgedrückt: Sprache ist „das speziell dem Menschen eigentümliche Ausdrucks- und Verständigungsmittel, vermöge dessen er sich aber auch jenseits bloßer Reaktionen auf Umweltreize mit dem ihn umgebenden Seienden bewußt auseinandersetzt. Sprache ist a) Objektivation geistiger Prozesse, b) hat schöpferisch-bildende (nicht bloß abbildende) Funktion, indem sie Gefühltes, Bewußtes und gewolltes artikuliert".[24]

Zu sagen, dass es sich bei den Bildern und bei den Gleichnissen der Religion um eine Art Sprache handelt, bedeutet also, dass diese uns

---

[23] Philosophisches Wörterbuch, hrsg. von Georgi Schischhoff, Stuttgart 1991, S. 687

[24] Philosophisches Wörterbuch, von Max Apel und Peter Ludz, Berlin 1976, S. 267; zum ganzen siehe System, S. 235 ff.

auf eine Verständnis-Ebene führen, auf der wir *Allgemeines mit persönlicher Relevanz erkennen* können. Sie „formulieren" auf eine angemessene Weise Inhalte, die uns sehr persönlich berühren und dabei anregen, nicht bloß Allgemeines bzw. Allgemein-Gültiges zu erkennen, sondern diese Inhalte *gleichzeitig als persönlich verbindlich zu erkennen und anzueignen* und so sich damit auseinanderzusetzen und auf unsere Lebensführung und Lebensausdrücke zu beziehen und zu regeln.

„Wer sich immer kommuniziert, verwendet Metaphern, meistens unbemerkt, stillschweigend und ohne besondere Aufmerksamkeit zu *schenken*. Wir *bringen* einem andere etwas *nahe*, *stehen*, auf *Standpunkten*, *ziehen* uns *zurück*, sind *wahnsinnig* vor Glück, fühlen uns von Bemerkungen anderer *zutiefst getroffen* oder dringen *tief* in andere *ein*. Manchmal *trifft*, was wir sagen, ins *Schwarze*, manchmal geht es *daneben*."[25]

„Aus Metamorphosen können wir Ableitungen vornehmen, wodurch bestimmte Aspekte unserer Erfahrung beleuchten werden und zwischen diesen Kohärenz hergestellt wird.

Eine konkrete Metapher ist unter Umständen die einzige Möglichkeit, genau diese Aspekte unserer Erfahrung zu beleuchten und kohärent zu organisieren.

Metaphern können für uns Realitäten schaffen, vor allem soziale Realitäten. Auf diese Weise kann eine Metapher Orientierung geben für unser zukünftiges Handeln. Solchermaßen geleitetes Handeln paßt natürlich zu der entsprechenden Metapher. Dadurch wird wiederum die Metapher in der Fähigkeit gestärkt, unsere Erfahrungen kohärent zu machen. In dieser Hinsicht können Metaphern sich selbst erfüllende Prophezeiungen sein."[26]

---

[25] Ebd. S. 7

[26] Georg Lakoff u. Mark Johnson, Leben in Metaphern. Konstruktion und Gebrauch von Sprachbildern, Heidelberg 2021, S. 179; zitiert: Metaphern

„[..] Metaphern [sind] ihrem Wesen nach konzeptuell. Für das menschliche Verstehen sind sie von zentraler Bedeutung. Sie spielen auch eine Schlüsselrolle, wenn es um die Konstruktion sozialer und politischer Realitäten geht."[27]

3. Damit ist nicht nur die punktuelle Verhaltens-Situation gemeint, sondern die Gestaltung der Persönlichkeit nach Maßgaben der erlangten Erkenntnis. *Genau darin besteht die behauptete Ähnlichkeit mit der Sprache der Dichtung.*

In der Dichtung geht es um die „sprachliche Gestaltung seelischer Vorgänge im Dichter, die durch erlebnishafte Weltbegegnung entstehen, in der Sprachwerdung aus dem Einzelfall ins Allgemeingültige, Symbolische erhoben werden und sich dem Aufnehmenden durch einfühlendes Mitschwingen erschließen".[28] Das erklärt die Vielfalt der dichterischen Gestaltungs- und Ausdrucksmöglichkeiten.

Weil in unserer Erfahrung „eine Wirklichkeit erscheint, welche mit dem, worin sie erscheint, unvergleichlich ist, wird die Sprache, in welcher solche Erfahrungen mitgeteilt werden, aufs äußerste beansprucht. Sie redet in Bildern, in Metaphern, d.h. sie überträgt Momente unserer innerweltlichen Erfahrung auf eine Dimension, in welcher sie ihre ursprüngliche Bedeutung, überschreiten müssen, ohne sie ganz zu verlieren. Dadurch wird der menschlichen Einbildungskraft eine aufs höchste gesteigerte Produktivität zugemutet. Dabei gelingen ihr manchmal unübertreffliche Leistungen, wenn es gelingt, das Bild so zu steigern, daß es auf das Gemeinte verweist, etwas von ihr zur gültigen Aussage bringt und zugleich seinen eigenen Bildcharakter verdeutlicht."[29]

---

[27] Ebd., S. 183
[28] Gero von Wilpert, Sachwörterbuch der Literatur, Stuttgart 1989, S. 540
[29] Georg Schrer, Grundphänomene menschlichen Dasein, Düsseldorf u. Bonn 1994, S. 16f.

„Es ist ein großer Unterschied", sagt Goethe, „ob der Dichter zum Allgemeinen das Besondere sucht oder im Besonderen das Allgemeine schaut. Aus jener Art entsteht Allegorie, wo das Besondere nur als Beispiel, als Exempel des Allgemeinen gilt; die letztere aber ist eigentlich die Natur der Poesie, sie spricht ein Besonderes aus, ohne ans Allgemeine zu denken oder darauf hinzuweisen. Wer nun dieses Besondere lebendig faßt, erhält zugleich das Allgemeine mit".[30]

Mit Ortega y Gasset Ausführungen über die Metapher können wir das Gesagte folgendermaßen zusammenfassen: Es geht um ein „Verfahren des Geistes, vermittels dessen es uns gelingt, etwas zu erfassen, das unserem begrifflichen Vermögen ferner liegt. Mit Hilfe des nächsten, das wir am besten meistern, können wir zu einem Verständnis des Entlegenen und schwer Beherrschbaren gelangen".[31]

4. Wir dürfen also in unserem Zusammenhang von Bildern, Gleichnissen und Dichtung, aber erweitert auch von Klang, Bewegung und Form als „Sprache" reden, weil sie uns etwas in Bewusstsein führen, was sonst nicht-bewusst bzw. verborgen ist. „Ins-Bewusstsein-Führen" heißt nichts anderes als das Rationalisieren bzw. das Konzeptualisieren dessen, was davor nicht-bewusst oder eventuell verborgen war.[32]

Wesentlich dabei ist erstens der **unmittelbar bewusste persönliche Bezug** dessen, was durch die so verstandene Sprache vermittelt

---

[30] Goethes Werke, Band XII, Maximen und Reflexionen, Textkritisch durchgesehen von E. Trunz und H. J. Schrimpf, kommentiert von E. und H. J. Schrimpf, München 1994, S. 471
[31] Ortega y Gasset, in: Otto F. Best, Handbuch literarischer Fachbegriffe, Frankfurt am Main 1986, S. 320; (zitiert: Best)
[32] Sieh dazu System I

wird; und zweitens *die dabei beanspruchte Allgemein-Gültigkeit* dessen, was gerade mittels der Sprache bewusst wurde.

Als einfaches Beispiel können wir die Fabel nehmen. „Als literarische Gattung heitere Tierdichtung […], in der menschliche Eigenschaften von (charakteristisch eindeutig definierten) Tieren oder anderen Lebewesen verkörpert und in bestimmten darzubieten und auf distanziert-unterhaltsame Weise erzieherische oder satirische Effekt zu erzielen".[33]

Es muss uns klar sein, was das bedeutet: Wir benötigen eine derartige „Erzählung", um uns unserer Situation bewusst zu werden. Die Fabel ist eine sehr alte Erzählkunst, was uns klar macht, dass diese Art der Leitung zum erkenntnismäßigen Zugang zu uns selbst vermutlich schon immer für die Annäherung zu sich selbst benötigt wurde.

Wir haben hier mit etwas zu tun, was in Bildersprache menschlich und persönlich völlig neutral dargestellt wird. Der Inhalt dieser „Aussage" wird intuitiv begrifflich zugänglich gemacht und so als allgemeingültig mit Selbst-Bezug unmittelbar verstanden.

In anderen künstlerischen „Sprachformen", wie etwa Malerei, Musik, Tanz usw. gestaltet sich diese Art der Bewusstwerdung schwieriger, das Prinzip bleibt aber das gleiche: **Uns etwas bewusst zu machen, was nicht bloß uns angeht, sondern darüberhinaus den Anspruch auf Allgemeingültigkeit erhebt, was von uns unmissverständlich verlangt, uns deutlicher und authentischer zum Ausdruck zu bringen – ja uns zu verwirklichen!**

Diese Tatsache der Bewusstmachung deutet einen Zusammenhang an, in dem beide, das *Persönlichste* mit dem *Allgemeinsten*, in der geschlossenen Einheit der Wirklichkeit integriert sind. Wenn wir verbindliche persönliche Orientierung in unserem Leben erlangen

---

[33] Best, S. 152

wollen, müssen wir verstehen, dass *die logische und die konkret persönliche Voraussetzung für diese Lebensorientierung die* **Selbst-Erkenntnis** *ist, die aber nur über die* **Wirklichkeits-Erkenntnis** *zu* erlangen ist.

Vor diesem Hintergrund ist es klar, worin sich die oben genannten „Sprachen" von der „Sprache" der Naturwissenschaft unterscheideen: Die „Sprache", in der die naturwissenschaftliche Erkenntnis formuliert ist, ist ihrem Wesen nach absolut un-persönlich, was die Objektivität dieser Erkenntnisse gewährleistet. Die Natur, das eigentümliche Forschungsobjekt der Naturwissenschaft, ist an und für sich *frei* von **jeglichen** anthropomorphischen Zügen. In den verbalen Darstellungen der Naturerkenntnisse kommen oft Formulierungen wie „Newtons Gesetze" oder „Einsteins Relativitätstheorie" vor. Wir ehren diese großen Physiker mit der Benennung ihrer Namen; in der durch sie erforschten Natur sind sie selbst aber nicht „enthalten" und die Gesetze, die sie **entdeckt und formuliert** haben, sind *nicht ihre Gesetze*, sondern die **Gesetze der Natur**. Und diese, an sich und in Zusammenhang mit anderen Naturgesetzen, führen uns nicht über die Grenzen der „nackten" Natur hinaus. Genau darin besteht ihre Wissenschaftlichkeit in Bezug auf die Naturerkenntnis.

Wenn es um die Erkenntnis der Wirklichkeit geht, ist es entscheidend, zwischen dem Subjektiven und dem Objektiven klar und eindeutig zu unterscheiden. Es handelt sich *nicht* um zwei „Wirklichkeiten"; wäre das der Fall, gäbe es gar keine Möglichkeit, von Wirklichkeit im eigentlichen Sinne zu sprechen. Beide sind genau im gleichen Sinne wirklich und gehören so, objektiv oder subjektiv, zum gesamten Gebilde der Wirklichkeit.

„Objektiv" und „subjektiv" bezeichnen die Art der Gültigkeit von Erkenntnis-Bestimmungen: Die eine („objektiv") betont die Un-Voreingenommenheit der Gültigkeit der Bestimmung der Erkenntnis und ihre Reinheit von jeglichem persönlichen Einfluss. Die andere („subjektiv") weist auf die Tatsache hin, dass in der Bestimmung einer Erkenntnis in bestimmten Sachbereichen notwendigerweise persönliche Aspekte der erkennenden Person involviert sind. Das gilt z.B. für die geschichts-wissenschaftlichen Erkenntnis wie auch für alle gesellschaftswissenschaftlichen Erkenntnisse. „Subjektiv" kann aber auch eine Bestimmung bezeichnen, die nur der kundgebenden Person zugänglich ist und nur von ihr bezeugt werden kann („Die Suppe schmeckt wunderbar").

Diese eventuelle Verlegung des Schwerpunkts der Bestimmung des Wirklichkeitsbezugs von Aussagen – mal objektiv, mal subjektiv – bedeutet und betont die erkenntnis-theoretisch bestimmte Einheit der Wirklichkeit: Nicht Objekt-Subjekt-Spaltung, sondern eine Person („Subjekt"), die eine Welt („Objekt") *hat*.

5. Dass ein streng religiöser Mensch von einer Lebens-Sinn-Krise nicht als solcher geschützt ist, zeigt der Fall des biblischen Königs Salomon. Kohelet (in der deutschen Übersetzung „Prediger") ist einer der Namen des biblischen Königs Salomon („Schlomo"). „Kohelet" bezeichnet auch eine biblische Schrift, die dem König Salomon zugeschrieben ist. Kohelets Situation drängt ihn, sich mit der Frage auseinandersetzen, ob alles, vor allem das eigene Leben, sinnlos, bedeutungslos und bestandlos ist. Seine schriftlich fixierte Beschreibung dieser Auseinandersetzung zeichnet den Weg, der von dem Klarmachen der eigenen Situation bis hin zur Befreiung aus der Enge des Infragestellens des Sinns des eigenen Lebens führt. Zur Verdeutlichung möchte ich das erste Kapitel (von zwölf) dieser Schrift zitieren und dabei auf die dichterisch künstlerische Art der Textgestaltung, wie auch auf die Art des Weges von Deutung zur Erkenntnis hinweisen.

Kohelet („Prediger") Kapitel 1

„1 Die Worte Kohelets, des Sohnes Davids, des Königs in Jerusalem. 2 Nichtig und flüchtig, sprach Kohelet, nichtig und flüchtig, alles ist nichtig. 3 Welchen Gewinn hat der Mensch von seiner ganzen Mühe und Arbeit unter der Sonne? 4 Ein Geschlecht geht, und ein Geschlecht kommt, und die Erde bleibt ewig bestehen. 5 Und die Sonne geht auf, und die Sonne geht unter und strebt nach dem Ort, wo sie aufgeht. 6 Es weht nach Süden und dreht nach Norden, dreht, dreht, weht, der Wind. Und weil er sich dreht, kommt er wieder, der Wind. 7 Alle Flüsse fliessen zum Meer, und das Meer wird nicht voll. Zum Ort, dahin die Flüsse fliessen, fliessen sie und fliessen. 8 Alles Reden müht sich ab, keiner kommt damit zum Ziel. Das Auge sieht sich niemals satt, und das Ohr wird vom Hören nicht voll. 9 Was einmal geschah, wird wieder geschehen, und was einmal getan wurde, wieder getan, und nichts ist wirklich neu unter der Sonne. 10 Wohl sagt man: Sieh dies an! Es ist neu! – Es war längst schon einmal da, in den Zeiten, die vor uns waren. 11 An die Früheren erinnert man sich nicht, und an die Späteren, die kommen werden, auch an sie wird man sich nicht erinnern bei denen, die zuletzt sein werden.

12 Ich, Kohelet, wurde König über Israel in Jerusalem. 13 Da nahm ich mir vor, in Weisheit alles zu erforschen und zu erkunden, was unter dem Himmel getan wird. Das ist eine leidige Mühe. Gott hat es den Menschen überlassen, sich damit abzumühen. 14 Ich betrachtete alle Werke, die unter der Sonne vollbracht wurden, und siehe, alles war nichtig und ein Greifen nach Wind. 15 Was krumm ist, kann nicht gerade werden, und was fehlt, kann man nicht zählen. 16 Ich dachte mir: Sieh, ich bin grösser und weiser als jeder, der vor mir über Jerusalem geherrscht hat, und mein Herz hat viel Weisheit und Erkenntnis gesehen. 17 So nahm ich mir vor zu erkennen, was Weisheit ist, und zu erkennen, was Verblendung ist und Torheit. Ich erkannte, dass auch dies ein Greifen nach Wind

war. 18 Denn mit viel Weisheit kommt viel Verdruss, und wer mehr erkennt, hat mehr zu leiden".[34]

Die Situation, in der Kohelet sich befindet, stellt einen schweren Fall der Grenzsituation dar. Kohelet „wurde König über Israel in Jerusalem". Er, der von Gott beauftragte, das Volk Gottes zu führen, war der König des Friedens und des Wohlstandes. Die Aufgabe, mit der er anvertraut wurde, hat er mit größtem Erfolg geführt. Er scheint ein Mensch gewesen zu sein, der ein erfülltes Leben geführt hat. Trotzdem aber ist er, wie es aus der Schrift zu entnehmen ist, in eine schwere existentielle Krise gestürzt.

Das erste Zeugnis seiner tiefen Krise ist seine, bis zur Wurzel der Existenz reichende kompromisslose Feststellung: „Nichtig und flüchtig, sprach Kohelet, nichtig und flüchtig, alles ist nichtig". Alles ohne Bestand, alles ohne Sinn und alles ohne Bedeutung! Das behauptet ein Mensch, der der einzige seiner Zeit war, der als „next to God" galt. Ist der Gottesglaube, von dem er geprägt war und in dessen Licht er das Volk Gottes geführt hatte, sinn- und bedeutungslos geworden? Ist das Leben des Menschen, der im Ebenbild Gottes geschaffen worden ist, sinn-, bedeutungs- und bestandlos? Und die Schöpfung Gottes?

Interessant sind die Bilder, die Kohelet benutzt, um die behauptete Sinnlosigkeit des Lebens zu beschreiben, um sich so *begreiflich* zu machen, was zu diesem Eindruck führte. Die zyklischen Naturvorgänge sind an und für sich *sinn-und wert-neutral*! Alles Natürliche ist das, was es ist: *Erkenntnismäßig* besitzt die Natur gar keinen wahrnehmbaren oder verborgenen Sinn. Wir mögen Naturdinge oder Naturphänomene *in Bezug auf uns* Bedeutung verleihen, an sich besitzen diese jedoch weder Wert noch Sinn.

---

[34] Züricher Bibelübersetzung: https://www.bibleserver.com/ZB/Prediger1; 17.5.2022, 17:00

Stellt das Leben eines Menschen eine andere Kategorie des Naturvorganges dar? Auch das Leben, ob eines Menschen oder eines Tiers, bewegt sich zwischen Kommen und Gehen. Warum sind wir verführt zu denken, dass unser menschliches Leben außerhalb dieses gewaltigen Naturkreises abläuft?

Worum kann es in diesem Leben in einer Welt gehen, die so vielfältig ist, dass „das Auge [..] sich niemals satt [sieht], und das Ohr vom [..] Hören nicht voll [wird]"? Gibt es da ein konkretes Ziel, wonach sich der Mensch orientieren könnte? Die Sinnlosigkeit kommt besonders in dem interessanten Phänomen des „Nicht wirklich weiter kommen" zum Ausdruck: Ändert sich der Mensch im Laufe seines Lebens? „Ein Geschlecht geht, und ein Geschlecht kommt" – hat der Mensch sich geändert, hat er *wesensmäßig* Fortschritte gemacht, ist als Person gewachsen? Oder mit Kant: ***Zeigt er – persönlich und gemeinschaftlich, dass er dabei ist, von seiner selbstverschuldeten Unmündigkeit, auch wenn nur sehr langsam, herauszutreten?***

Wir denken gerne, dass wir das, was krumm ist, nach Belieben gerade biegen können. Noch schlimmer: Wir haben viele gute Absichten und wir suchen ständig nach den „gültigen Grundsätzen", was an sich kein Problem darstellt: ***Das Problem besteht darin, dass wir Absicht mit Wirklichkeit, wie auch die Suche nach Orientierung-gebenden gültigen Grundsätzen mit dem Im-Besitz-sein solcher Grundsätze* verwechseln*!**

Auch die *Weisheit*, die *Meisterin der Wahrheit*, wird dabei in ihrer Bedeutung betrübt: „Denn mit viel Weisheit kommt viel Verdruss, und wer mehr erkennt, hat mehr zu leiden". Diese Erfahrung ist besonders interessant: **Die Weisheit, die ihrem Wesen nach den Weg zur *wahren Erkenntnis* ebnen sollte, ein Weg, der den Menschen zu sich selbst führt, dieser Weg ist mangels Offenheit uns selber gegenüber, mangels Bereitschaft, das anzunehmen, was wir konkret darstellen, *versperrt*!**

Es ist nicht die Weisheit, die Verdruss und Leid hervorruft: Es ist die durch die Weisheit sichtbar gewordene **Wahrheit über uns** und darüber, **wie weit wir von dem entfernt sind, was wir mit apodiktischer Bestimmtheit von uns halten**.

Das Stehen vor sich vermittelt kein schönes Bild! **Sind wir offen und mutig genug, uns selbst so anzunehmen, wie es uns der Spiegel der Wahrheit zeigt, und uns dann auf den Weg der Aufklärung, trotz des damit verbundenen Verdruss und Leids, zu begeben – oder sind wir geneigt, den Spiegel zu entfernen und so unsere „Echtheit" zu kultivieren und zu bewahren?**

Kohelet versucht sich mit seiner dichterischen Art der Darlegung immer bewusster zu machen, in welcher Situation er sich befindet. Darüber hinaus versucht er sich selbst nach und nach klar zu machen, wie er diese seine *situationsmäßig bestimmte gewaltige Spaltung bewältigen kann, die sich einerseits* in ihm selbst *befindet, andererseits aber wie er die Spaltung überwinden kann, die* zwischen ihm und der Wirklichkeit besteht, in der er lebt.

Die Klärung der Eigentümlichkeit des Erkenntnisbereichs der Kunst wird uns deren Bedeutung für die Erlangung der Selbst-Erkenntnis und für die Bestimmung der Authentizität der persönlichen Ausdrücke erkennen lassen.

II.2. Philosophie, Kunst und Wirklichkeit 2

1. Dieser Teil der Arbeit besteht in der Darlegung und in der Erörterung des *Erkenntnisbereichs der Kunst*. Hier geht es *nicht* darum, angebliche Methode(n) des Kunstschaffens und der Kunstbetrachtung zu beschreiben und zu legitimieren; solche erkenntnismäßige Methoden gibt es nicht. Hier geht es eher um die *Aufdeckung des Wesens der Kunst, das die existentielle Bedeutung des Kunst***schaf**-

fen und des Kunst*betrachten* in sich vereinigt und zum Ausdruck bringt.

Hier geht es darum, den Zusammenhang aufzuzeigen, in dessen Rahmen *die Rede von Kunst sinnvoll ist.* Es geht also um **die erkenntnismäßige** *Grundlage, die die Kunst als* **Bereich der Wirklichkeit** *bestimmt und somit die Erkenntnis, die Kunst eigentümlicher weise vermittelt, also die* **Wahrheit***, die die Kunst zum Ausdruck bringt, überhaupt ermöglicht.*

In unserem Zusammenhang heißt das zu zeigen, dass *die Gesetzlichkeit des Denkens* **die einzige notwendige und ausreichende Bedingung** *ist, aus der die Kunst, als* **Bereich der Wirklichkeit***, aber auch die gesamte Wirklichkeit für uns erkenntnismäßig begreifbar werden kann.*

Diese gesetzliche Grundlage, *diese notwendige Gesetzlichkeit des Denkens, bestimmt den gesamten Bereich der Kunst,* so dass jede einzelne bestimmte künstlerisches Werk, also *jedes einzelne Kunstwerk* (gleich zu welchem Kunstzweig es gehört) diese *gesetzliche Grundlage* **des Ganzen der Wirklichkeit notwendigerweise voraussetzen muss.**

Für das Kunstwerk bedeutet das, dass *die Gesetzlichkeit, die das Kunstschaffen bestimmt, mit der Gesetzlichkeit, die das Kunstbetrachten bestimmt,* **identisch sein muss.**

Das heißt, dass die Bestimmung dessen, was Kunst ist, kann *keinesfalls* relativ, nach persönlichem Geschmack, also *willkürlich* sein. Kunst erhebt den Anspruch, **Wahrheit** zum Ausdruck zu bringen. *Diese Bestimmung besagt, dass die* **Kunst** *und die* **Wahrheit***, die sie zum Ausdruck bringt, Ausdruck von* **Wirklichkeit** *ist. Insofern kann die erkenntnismäßige Grundbestimmung dessen,* **was** *Kunst ist,* **keinesfalls** *dem persönlichen „Geschmack" überlassen werden.*

2. Ein ausgezeichnetes Merkmal der Erfahrung ist ihre Fragmentarität: Einmal ist es die *Fragmentarität der **Erfahrung des Subjekts*** und einmal ist es die *Fragmentarität der **Erscheinungen in der Erfahrung***: *Einmal ist es der begrenzte Horizont eines Subjekts und einmal sind es die Erscheinungen*, die *jede für sich, als voneinander getrennt und unabhängig stehend* verstanden werden.[35]

Diese vermeintliche Eigenständigkeit und Selbstständigkeit der Erscheinungen lässt diese Erfahrung als Inhalt des Bewusstseins eines Subjekts willkürlich, zufällig und vergänglich erscheinen. Und der Versuch, die Erfahrung durch alleinige Bezugnahme auf die Erfahrung zu verstehen bzw. zu erkennen, *muss scheitern*, denn die *Gesetzlichkeit*, die diese Erfahrung überhaupt zur *Erfahrung eines Subjekts* macht, ist *selbst nicht Teil dieser Erfahrung* und erscheint in ihr nicht, was zum Zweifel an dem Bestehen einer solchen Gesetzlichkeit führen kann.

Die Einsicht, dass die Erfahrung fragmentarisch ist, dass sie eben nur einen Ausschnitt eines Ganzen ausmacht, und dass dieses Ganze einen Kosmos darstellt, drängt zur Aufdeckung der gesetzlichen Grundlage dieser Ordnung. Die Erkenntnis der Welt besteht in der *Rationalisierung der Erscheinungen* und sie besteht in der *Aufdeckung der Beziehungen der Erscheinungen zueinander in dem weitest möglichen Zusammenhang*, was der *Verankerung in die gesetzliche Grundlage alles Wirklichen* gleichkommt.

Diese gesetzliche Grundlage ist, wie wir gesehen haben, *das Denken selbst*, dessen Gültigkeit *uneingeschränkt* ist. Damit ist aber *nicht gemeint*, dass das menschliche Denken einen „göttlichen" Verstand darstellt, sondern dass die gedanklich-begriffliche *Grundlegung* als die *Verankerung* in die genannte gesetzliche Grundlage

---

[35] Siehe dazu System I

sich *nicht* auf einzelne bestimmte Gebiete wie etwa Mathematik oder mathematische Naturwissenschaft beschränkt ist.

Alles, was als *Einheit* begriffen wird, ist nur ein *spezifischer Ausdruck der Einheit des Denkens*. Alles, was als Einheit begriffen wird, hat seinen Ursprung in **der** *Einheit schlechthin*, welche die Grundlage aller besonderen Einheiten ist. Diese einzelnen besonderen Einheiten sind jedoch nicht als einzelne Besonderheiten, d.h. nicht als einzelne selbstständige Einheiten zu verstehen. Jede dieser Einheiten bringt **die** Einheit schlechthin, also die Einheit des Denkens, zum individuellen Ausdruck. *Diese ursprüngliche Einheit des Denkens ist somit die logische Quelle **aller** Vielheit und **aller** Vielfältigkeit, wie auch der Grund ihrer Einheit in einem einheitlichen Weltbild.*

Diese Tatsache bedeutet, dass die *Notwendigkeit des Bestehens* dieser Vielheit der einzelnen, besonderen Einheiten *a priori und ausschließlich vom Begriff des Denkens aus* zu bestimmen sind. Alles, was als einzeln begriffen werden kann, sei es ein Einzelding, ein Einzellebewesen, ein einzelnes „Abstraktum" oder ein Einzelgebiet von Einzelnem, ist Teil dieser Vielheit und dieser Vielfältigkeit der einzelnen bestehenden Einheiten.

*Die apriorische Begründung der **Notwendigkeit** des Bestehens dieser Vielheit und dieser Vielfältigkeit* bedeutet, dass diese einzelnen Einheiten, gleich welcher Art sie sind, keine selbstständigen und unabhängigen Substanzen sind, die jede durch ihre eigentümliche, charakteristische Eigenart als einzelne Einheit bestimmt werden, sondern sie sind Ausdruck einer *gemeinsamen, allumfassenden Ordnung*, in der sie sich alle befinden und in der sie alle zueinander in Beziehung stehen.

Ihre wechselseitigen Beziehungen sind *nicht* das unbegreifliche Hinübergehen von Einwirkung von einem, in sich geschlossenen und zentrierten Wesen auf ein anderes solches Wesen, sondern *das Ergebnis ihrer gemeinsamen Teilnahme an der universalen Ord-*

nung der Wirklichkeit, eine Ordnung die diese Einheiten *konstitu-iert* und in deren Rahmen sie als deren integraler Bestandteil *be-stehen*. Was die Vielheit und Vielfältigkeit der einzelnen Einheit im Allgemeinen betrifft, haben wir uns damit schon im ersten Kapitel dieses Teils ausführlich befasst.[36] Hier gilt es nun, die Einteilung der Erscheinungen in bestimmte Gruppen näher zu betrachten und die Notwendigkeit dieser Einteilung zu begründen.

3. In unserer Erfahrung ist uns eine Mannigfaltigkeit von Inhalten und Erscheinungen gegeben. „Gegeben" ist im strengen Sinne das, was zum Bewusstsein kommt und ein bewusstes „Bild" erzeugt oder einen bewussten, konkreten Inhalt darstellt. Das bloße Gege-ben-Sein des Gegebenen bedeutet hier *nichts weiter* als die Tatsa-che, dass wir etwas erfahren, was wir schon vorfinden, was natür-lich nicht bedeutet, dass das „Gegebene" etwas vom Denken Unab-hängiges ist, also für es transzendent ist.

Eigentümlich für diese Mannigfaltigkeit ist nicht bloß die Tatsache, dass sie heterogen ist, sondern, dass sich diese Heterogenität in bestimmte Gruppen einteilen lässt. Da diese Mannigfaltigkeit die Erfahrung (im Sinne von Inhalt) des Subjekts ausmacht, muss ihre Differenzierung in diese Gruppen, genau wie die Tatsache der Er-fahrung selbst, *a priori* bestimmt werden.

Damit ist nicht gemeint, dass jede einzelne bestimmte Tatsache, die in der Erfahrung des Subjekts festgestellt wird, a priori festgestellt bzw. bestimmt werden kann: *Es geht hier nicht darum*, den Inhalt der täglichen Erfahrung a priori zu bestimmen („abzuleiten"), etwa um die apriorische Bestimmung der Tatsache, dass ich und gerade ich ausgerechnet jetzt einen grünen Baum sehe oder dass es in der Antarktis Pinguine gibt.

---

[36] Siehe dazu System I

*Gemeint ist, dass **jede Tatsache**, gleich welcher Art, einer dieser Gruppen angehören **muss**.* Die systematische Bestimmung der Erfahrung und ihrer Struktur ist apriorisch. Sie stammt selbst nicht aus der Erfahrung – sie bestimmt vielmehr selbst die tatsächliche Erfahrung als solche. ***Dieselbe** gesetzliche Grundlage, welche die Erfahrung selbst als Tatsache a priori bestimmt, bestimmt auch die Differenzierung der Mannigfaltigkeit der Erfahrung in die bestimmten Gruppen von Erscheinungen, deren Einheit die Erfahrung selbst als Einheit ausmacht und darstellt.*

Die Bestimmung der Tatsache der Erfahrung ist Folge der Differenz zwischen dem *Denken überhaupt* und dem *Denken als Wirklichem*. Diese Differenz führt zu der Bestimmung des Subjekts, und die Fragmentarität des Subjekthorizonts bestimmt die Tatsache seiner Erfahrung.[37]

*Diese Folge von Bestimmungen ist **apriorisch**, denn diese Bestimmungen folgen **ausschließlich** aus dem Begriff des Denkens.*

Die Erfahrung als a priori bestimmte Tatsache, ist selbst Ausdruck einer anderen a priori bestimmten Tatsache, nämlich Ausdruck der Tatsache der Individualität des durch das einzelne Denken als Glied der Wirklichkeit bestimmten bzw. konstituierten Subjekts, eine Tatsache, die mit dem Subjekt auch seinen begrenzten Horizont bestimmt.

Wenn wir also versuchen möchten, die Struktur der Erfahrung als Ganzes, als Einheit zu bestimmen, so müssen wir von dem Subjekt ausgehen, dessen Erfahrung in der Aufnahme des Abstandes zwischen ihm selbst und der Wirklichkeit besteht, dessen Glied es ist.

*Die bloße Tatsache des Bestehens des einzelnen Subjekts, also des einzelnen denkenden Gliedes der Wirklichkeit bestimmt von vornherein **zwei** Gesamtzusammenhänge oder Gesamtbereiche:* Zum

---

[37] Ebd.

einen *die Sphäre des Subjekts als Subjekt und alles, was mit dem Ich als solchem verbunden ist*, und zum anderen *die Sphäre all dessen, was nicht Subjekt ist, d.h. was nicht zur Identität des Subjekts als solchem gehört, mit ihr verbunden ist und zu deren Konstituierung oder Bestimmung beiträgt.*

4. Diese zwei Zusammenhänge sind nicht bloß zwei sich gegenüberstehende Sphären. Es gibt hier *keine Spaltung des Weltbilds*; hier gibt es *keine Entfremdung des Subjekts – im Gegenteil*: Diese zwei Sphären werden nicht bloß in einer höheren Einheit („Wirklichkeit als Ganzes") vereinigt, sie sind auch nicht einfach komplementär. *Jede dieser Sphären bedingt die Konstituierung der Identität und der Einheit der anderen*!

Die Bestimmung der beiden Sphären ist im Grunde das, was wir am Anfang unserer Überlegungen als die *„Subjekt-Objekt-Spaltung"* bezeichnet haben. Diese ist aber *keine* Spaltung im Sinne der absoluten Trennung von zwei Faktoren, sondern, *genau im Gegenteil, Ausdruck der Identität zwischen dem Denken und seinem Gegenstand.*

Was den Abstand zwischen dem Subjekt und seiner Umwelt betrifft, so ist dieser *kein* Ausdruck einer Spaltung zwischen zwei „Welten", sondern, *genau umgekehrt, Zeichen und Ausdruck der Integration des Subjekts durch die Erkenntnis in ihr.*

Eigentümlich für diese Unterscheidung der zwei Sphären ist die Tatsache, dass sie, obwohl sie voneinander logisch getrennt sind, sich doch teilweise überschneiden: Das Subjekt selbst, obwohl es eine durch sich selbst geprägte Sphäre des Subjekts als solches bestimmt, gehört auch der Sphäre, die *es selbst* als eine solche Sphäre bestimmt, der all das angehört, *was nicht Subjekt ist*: Wie alle anderen beobachtbaren, d.h. anschaulich feststellbaren Dinge, Lebewesen und Vorgängen, gehört auch das Subjekt als Erscheinung der

Erfahrung der Gruppe von Erscheinungen an, welche die Sphäre der sogenannten *physischen beziehungsweise physikalischen Naturordnung* bestimmt. Die Angehörigkeit des Subjekts zu dieser Sphäre wird jedoch gerade dadurch charakterisiert, dass es ihr *nicht als Subjekt*, sondern *bloß als Erscheinung in Raum und Zeit* angehört, wenn auch eine von besonderer Art.

In dieser *ursprünglichen* Subjekt-Objekt-Spaltung wird die Struktur der Erfahrung nur anfänglich bestimmt. In ihr unterscheidet sich zwar das Subjekt von dem „Rest der Welt", seine eigene Bestimmung als Wirkliches, d.h. die Bestimmung seines Wesens und die Bestimmung der Art seiner Verwirklichung werden dabei jedoch noch nicht offenbart.

Diese Bestimmungen können *nur* durch die Beziehung des Subjekts *zu sich selbst* vollzogen werden. In dieser Rückbeziehung des Subjekts auf sich selbst wird die *Rationalisierung des Subjekts* vollzogen, und zwar in zwei verschiedene Richtungen: In beiden Richtungen geht es um die Rationalisierung des Subjekts als Subjekt. Das heißt, hier geht es um die Objektivierung dessen, was das Subjekt als Subjekt ausmacht und ausdrückt. Das Subjekt, von dem hier die Rede ist, ist nicht ein bestimmtes, konkretes und insofern zufällig ausgewähltes Individuum, sondern *das Subjekt schlechthin*.

In der einen Richtung handelt es sich um *die Beziehung von Subjekt zu Subjekt und um das Gebiet, das durch diese Beziehung konstituiert wird*; gemeint ist das Gebiet der **Sittlichkeit und das des Gemeinschaftslebens**. In der zweiten Richtung handelt es sich um den *Ausdruck der Subjektivität als solcher und das Gebiet, das dadurch bestimmt wird*; gemeint ist das Gesamtgebiet der **Kunst**.

5. Ein weiteres Gebiet entsteht durch die mögliche Beziehung des Subjekts auf etwas, das außerhalb der Grenzen der Wirklichkeit

„da" ist: Es ist der mögliche Versuch, die gesamte Wirklichkeit im ersten Ursprung und im letzten Ziel zu verankern.

Damit sind die **logischen Möglichkeiten** *des Verhältnisses des Subjekts als Wirkliches zur Wirklichkeit im Ganzen* **erschöpft**.

Diese apriorische Differenzierung der Beziehung des Subjekts im Allgemeinen in die verschiedenen Arten seiner Beziehung zu den verschiedenen Arten des Wirklichen und zum möglichen Überwirklichen bestimmt die Struktur seiner Erfahrung: Die Einteilung der Erscheinungen der Erfahrung wird diese *zwangsläufig ausschließlich* als zu einem dieser Gebiete gehörend bestimmen: physische Natur, Sittlichkeit und Gemeinschaftsleben, Kunst und Religion.

Auffallend in dieser Einteilung ist *erstens* die Tatsache, dass die gesamte Gruppe der Erzeugnisse des Subjekts (außer den Kunstwerken) in ihr nicht erscheint. *Zweitens* ist die Tatsache auffallend, dass es in der Rationalisierung des Subjekts als handelndem nur um eine bestimmte Art von Handlung geht, und dass von den verschiedenen anderen möglichen Handlungen des Subjekts in dieser Einteilung abgesehen wird – und das trotz der Tatsache, dass alle diese möglichen Handlungen und die Gruppe der Erzeugnisse des Subjekts Teil der Erfahrung des bzw. eines Subjekts ausmachen. *Diese oben gezeichnete Einteilung ist jedoch trotzdem logisch notwendig und logisch erschöpfend.*

Was die Notwendigkeit dieser Einteilung betrifft, so haben wir uns damit schon befasst.[38] Um die Tatsache zu verstehen, warum diese Einteilung vollständig ist, müssen wir einsehen, dass sie *keine empirische Sortierung oder Klassifizierung von Erscheinungen*, sondern **die logische Folge der apriorisch bestimmten deduktiven Struktur der Erfahrung** *ist, wie sie* **durch die apriorisch bestimmte deduktive Struktur der Wirklichkeit insgesamt bestimmt** *wird*.

---

[38] Siehe dazu System I

All die Erzeugnisse des Subjekts (außer den künstlerischen Darstellungen) sind Produkte, die auf Grund von *schon erworbenen Erkenntnissen* entstanden sind, d.h. sie sind Produkte von einem *schon bestehenden Verhältnis* des Subjekts zu einem der möglichen Objekte der Grundspaltung Subjekt-Objekt (Natur, Sittlichkeit und Gemeinschaftsleben, Kunst und Religion). *Diese Produkte setzen*, mit anderen Worten, *die Wirklichkeit und ihre logische Struktur voraus*: Sie sind *als Produkte vollkommen verständlich oder logisch durchsichtig* und gliedern sich vollkommen in das Gefüge der Beziehungen der Wirklichkeit und in sie ein, und **insofern** *stellen sie vom Standpunkt der Erkenntnis aus von vornherein kein Problem dar.*

Es lässt sich also in ihnen keine weitere Gesetzmäßigkeit erkennen, die nicht mit einer der Gesetzmäßigkeiten, die wir auf einem der erwähnten Gebiete feststellen können, identisch ist.

Ähnliche Überlegungen gelten auch für die zweite hier genannte Gruppe von Handlungen bzw. Tätigkeiten des Subjekts. Die Handlungen, von denen in der apriorischen Struktur der Erfahrung die Rede ist, sind solche, die *zur **Selbstverwirklichung des Subjekts** – diesmal **als die uns bekannte menschliche Person** – von Relevanz sind*, während **alle anderen** *Handlungen schon diese Person als handelnde Entität voraussetzen.*

Mit anderen Worten: *Alle anderen Handlungen oder Tätigkeiten haben **gar keine Relevanz** für die Verwirklichung des Subjekts – weder als bloßes Subjekt noch als Person, sie setzen vielmehr schon die Person als Ziel setzende Instanz voraus.*

Wir können also zusammenfassend sagen, dass *diese zwei oben genannten Gruppen die Wirklichkeit und ihre logische Struktur voraussetzen*, und insofern können sie nicht in der a priori bestimmten Einteilung der Arten der Grunderscheinungen der Erfahrung des Subjekts vorkommen. Sie sind also nicht ursprünglich, sondern sekundär in ihrer erkenntnismäßigen Bedeutung.

6. Wir haben von der Einteilung der Erscheinungen, die in der Erfahrung auftreten, in vier Grundgruppen gesprochen und sie begründet (1. Naturerscheinungen, 2. der Mensch und sein Handeln, 3. Erscheinungen der Kunst und 4. Erscheinungen der Religion). Diese vier Gruppen bestimmen die vier Teile des Systems der Philosophie (1. Naturerkenntnis, 2. philosophische Anthropologie, Ethik, politische Philosophie, Geschichtsphilosophie; 3. Philosophie der Kunst; 4. Philosophie der Religion).

Das Problem der Philosophie als System besteht nicht einfach darin, die Eigentümlichkeit dieser Gruppe von Erscheinungen zu begründen, sondern hauptsächlich in der *Vereinigung* derselben: *Das System muss den Zusammenhang aller Erscheinungen der Welt in ihrer gesetzlichen Grundlage aufdecken.* Die Einteilung der Philosophie in Disziplinen (Glieder des Systems) wird durch die Gesetzmäßigkeit des Zusammenhanges bestimmt, die wir im Gegebenen aufdecken. Die Einordnung dieser Disziplinen in das System der Philosophie soll ihre Eigenart begründen und gleichzeitig zeigen, dass die Einteilung der Philosophie in die verschiedenen Disziplinen nicht subjektiv, sondern *objektiv* bestimmt ist.

Philosophie im *echten* Sinne ist *immer* eine einheitliche und universelle Erkenntnis der Welt als Kosmos. Die gesamte Philosophie steht also im Zeichen des Erkenntnisproblems. Alle Inhalte, die dem Subjekt gegeben sind, stellen für es ein Problem dar: das Problem der Erkenntnis dieses Gegebenen.

*Der Begriff der Philosophie fordert die endgültige Einheit der Erkenntnis, weil er auf **Wahrheit** gerichtet ist.* Er ist auf *die Wahrheit* gerichtet und nicht auf irgendeine unbestimmte Vielheit von „Wahrheiten".

Nur die Forderung der *einen* Wahrheit kann die *Einheit der menschlichen Erkenntnis* und somit die Einheit der Philosophie überhaupt gewährleisten. Ein philosophisches System ist in dieser

Hinsicht ein umfassendes Erkenntnissystem. *Da das ursprüngliche Ziel der Philosophie Wahrheit ist, wird es deutlich, dass Philosophie notwendigerweise Erkenntnistheorie ist.* Es ist so, weil ihre Bestimmungen, gleich, ob sie in Bezug auf die Natur, auf den Menschen und sein Handeln oder auf eine andere Erscheinung getroffen werden, *immer wahr sein müssen, wenn sie als wirklich erkannt werden.*

Die ursprüngliche Aufgabe der Philosophie besteht nun darin, die Konstitution und die Einheit aller Erscheinungsbereiche zu begreifen. Die Erfüllung dieser Aufgabe ist von der Beantwortung der zwei folgenden Fragen abhängig: *1.* Welche ist die gesetzliche Grundlage, die Erkenntnis überhaupt möglich macht? und *2.* Was bestimmt die Entfaltung der Erkenntnis in den verschiedenen Geltungsbereichen der Disziplinen der Philosophie?

Das Verhältnis zwischen der gesetzlichen Grundlage, der Differenzierung und der Einheit der Erkenntnis kann *nur dann* begründet werden, wenn die ursprüngliche Gesetzlichkeit, die *gesetzliche Grundlage aller Gesetzlichkeit*, der Logos der Welt aufgedeckt wird. Dieser Logos macht die Welt zum Kosmos und er vereint alles in einem *Bewusstsein einer Welt*.

Gesucht wird ein fester Punkt, von dem aus man die erkenntnismäßige Erklärung des Weltinhalts gewinnen kann, eine Erklärung, die das Charakteristikum einer allgemeingültigen und notwendigen Erkenntnis der Wirklichkeit und ihrer Struktur trägt. Wir haben im *Denken* diese Grundlage gefunden, die durch sich selbst besteht; *das Denken können wir*, wie wir schon gesehen haben, *durch es selbst erfassen.*[39]

Was das für die Erkenntnis bedeutet, das haben wir schon gezeigt: Ohne Voraussetzung der Gültigkeit des Denkens und der seiner

---

[39] Siehe dazu System I

Bestimmungen kann von keiner Natur, von keiner Sittlichkeit, von keiner Kunst, von keiner wahren Religion und überhaupt von keiner Kultur die Rede sein. Das heißt, *die Grundlegung alles Wirklichen in den Logos* **macht es erst möglich**, *die Wirklichkeit als* **wahre** *Wirklichkeit überhaupt anzuerkennen.*

Das Bestehen der oben genannten Gebiete ist von der Erkenntnis dieser Gebiete abhängig und durch sie gesichert, was bedeutet, dass *diese Gebiete nur unter der Voraussetzung der Gültigkeit der Erkenntnis überhaupt möglich sind.*

Die Einteilung des systematischen Ganzen der Wirklichkeit und somit des systematischen Ganzen der Erkenntnis in verschiedene Gebiete ist *nur dann möglich, wenn die Einheit der Erkenntnis zu Grunde gelegt,* d.h. *wenn die systematische Beziehung aller Glieder des Ganzen zum Ganzen vorausgesetzt ist.*

In allen Disziplinen gilt es, Erkenntnisse zu erwerben, die dadurch vereinigt werden, dass sie in der einen einheitlichen, gesetzlichen Grundlage, also im Denken verankert sind. Für die Erkenntnisse aller Disziplinen bedeutet dies, dass für sie alle *theoretische* Gültigkeit *notwendig konstitutiv* ist.

Sollten in der Ethik, der Philosophie der Kunst usw. auch andere Gesichtspunkte als die der Erkenntnis von Bedeutung sein, *dann* können sie dies *nur* in Bezug auf eine erkenntnistheoretische (epistemologische) Bestimmung dieser Bedeutung haben. Mit anderen Worten: Der rein theoretische oder rein logische Erkenntnisgehalt betrifft nicht bloß die so genannten „theoretischen Gebiete" (hauptsächlich Mathematik und mathematische Naturwissenschaften), sondern er gilt auch für die übrigen Gebiete der Erkenntnis der Wirklichkeit, denn sie selbst stellen, als spezifische Gebiete der Erkenntnis der Wirklichkeit, jeweils theoretische Teilordnungen der Urgesetzlichkeit dar.

Die Vereinigung dieser Teilordnungen bedeutet jedoch *nicht*, dass die verschiedenen Arten der Gesetze und der Inhalte in ihrer Verschiedenheit aufgehoben und in eine neue Art von Gesetz oder Gesetzlichkeit und Inhalt verwandelt werden müssen. *Im Gegenteil*: Ihre Verschiedenheit kann gar nicht aufgehoben werden, denn sie ist ihrer Natur nach *logisch*. Die Sonderung der vier Gruppen von Erscheinungen und die Darstellung ihrer charakteristischen Gesetzlichkeiten dient ihrer *Grundlegung* auf einer gemeinsamen gesetzlichen Grundlage: Diese Gebiete sind nur Teile einer umfassenden Einheit, d.h. nur Ausschnitte aus einem systematischen Ganzen. Dieser systematische Zusammenhang der Gebiete ist in jedem einzelnen Gebiet zu erkennen, und die Erkenntnisbemühungen in jedem einzelnen Gebiet werden uns *immer und immer wieder* auf das Denken als systematische gesetzliche Grundlage zurückführen.

Das heißt, *eine **echte** philosophische Erkenntnis eines Gebiets wird sich **immer und notwendigerweise** als unvollständig erweisen und **zum System drängen***.

Die Einteilung der Wirklichkeit als systematische Einheit in Einzelgebiete, welche die Objekte der Philosophie bzw. der philosophischen Erkenntnis ausmachen, bestimmt die *systematische Natur der Erkenntnis*. Die Erkenntnis wird somit durch das Denken selbst bestimmt und das heißt, dass sie unter den Aspekten der *Einheit, der Differenzierung und der logischen Determination* bestimmt wird.

Diese Aspekte der Bestimmung der Erkenntnis können *nur systematisch* bestimmt werden, d.h., sie können *nur aus dem Begriff des Denkens* überhaupt bestimmt werden. Denn die Einheit der Erkenntnis fordert Selbstbestimmung, was nur in der Selbstbestimmung des Denkens bestimmt werden kann. Die Differenzierung der Erkenntnis fordert Selbstentfaltung, was nur durch die und in der Selbstentfaltung des Denkens bestimmt werden kann.

Die logische Determination der Erkenntnis, d.h. ihre Methode oder methodische Leitung fordert *Gesetzmäßigkeit*, was nur durch die Gesetzmäßigkeit des Denkens bestimmt werden kann. *Diese* **Selbstbegründung**, *die* **Selbstdifferenzierung** *und die* **Selbstgesetzlichkeit** *der Erkenntnis werden durch das Denken selbst bestimmt und es wird selbst durch diese Bestimmungen als Denken charakterisiert.*

Daher ist Philosophie eine Epistemologie oder umfassende Erkenntnistheorie: *Das Denken entfaltet seinen Inhalt gesetzmäßig und somit erkenntnismäßig. Diese Objektivierung des Denkens konstituiert die Wirklichkeit, und da das Denken selbst, als Glied dieser Wirklichkeit, das Subjekt bestimmt, bestimmt es auch die sogenannte Spaltung zwischen Subjekt und Objekt.* Und nach den verschiedenen möglichen Objekten in dieser Spaltung werden die verschiedenen Richtungen der Erkenntnis bestimmt.

Diese Bestimmung der Richtungen der Erkenntnis bedeutet zugleich *die Begründung der Erkenntnis selbst im Denken* oder die Selbstbegründung der Erkenntnis. Mit der *Begründung der Erkenntnis der Wirklichkeit* und mit dem Vollzug des Systems ist das logisch-systematische Philosophieverständnis bestätigt.

II.3. Zur Bestimmung der philosophisch-systematischen Betrachtung von Kunst

1. Das Nachdenken über *Ursprung, Sinn und Eigentümlichkeit der Kunst* ist vermutlich so alt wie die Kunst selbst. Das Wort „Nachdenken" will hier dreierlei zum Ausdruck bringen.

Erstens will es die Tatsache zum Ausdruck bringen, dass Kunst als etwas Vorgegebenes verstanden wird, das schon vor dem Denken über Kunst bestand. *Zweitens* drückt das Wort „Nachdenken" das, was aus dem ersten Punkt folgt, also dass Kunst nicht das Produkt bewusster denkerischer Tätigkeit ist. Das heißt, das künstlerische Schaffen ist keine bloß mechanische Produktion der Kunstwerke: Im künstlerischen Schaffen vollzieht sich eine Bestimmung, die sich dem Willen, den Absichten und den Zielen des Künstlers entzieht. Und *drittens* will dieses Wort die Tatsache hervorheben, dass dieses Gegebene für das Denken ein Problem darstellt, das seine Lösung fordert.

Worin soll nun dieses Nachdenken über Ursprung, Sinn und Eigentümlichkeit der Kunst bestehen, so dass der Problem-Charakter der Erscheinungen der Kunst als aufgehoben betrachtet werden kann?

Mit dieser gestellten Frage wird eine klare Trennung zwischen zwei Arten der Betrachtung und Beurteilung von Kunst vollzogen. Die erste Art besteht in der Regelung der „inneren Angelegenheiten" innerhalb des Bereichs der *institutionalisierten Kunst*. Hier geht es um die Anwendung von Prinzipien und Entscheidungs- und Auswahlkriterien, die die *öffentliche Erscheinung* eines Kunstwerks bzw. einer Gruppe von Kunstwerken „legitimieren" sollen, wobei die Motivation zu derart Legitimation oft aus Zwängen und Umständen stammt, die mit Kunst im eigentlichen Sinne nicht viel zu tun haben. Problematisch dabei ist jedoch die Tatsache, dass diese Art von Legitimation das Erscheinungsbild und den gängigen Begriff von Kunst prägt und gar bestimmt.

Die zweite Art der Betrachtung von Kunst hat mit solchen „ästhetischen Normen" nichts zu tun. Sie besteht vielmehr darin, dass *die Kunst insgesamt in Beziehung zum **Wirklichkeitsganzen** und somit zur **Wahrheit** setzt*. Nur auf dieser Ebene lässt sich mit Sinn fragen, ob Kunst etwas zum Ausdruck bringt, *das **in keiner anderen Weise** zu unserem Bewusstsein gelangen kann*, also ob *Kunst ein **autonomer** Bereich* sei.

Hier geht es also nicht darum, einzelne Kunstwerke als „einmalig" und insofern als „legitimiert" zu bestimmen, sondern vielmehr darum, ob die Kunst und somit die einzelnen Kunstwerke den Anspruch erheben darf bzw. dürfen, dem Geltungsbereich der Wahrheit anzugehören.

Diese Frage nach der *Wahrheit* der Kunst im Allgemeinen und in der Kunstwerken im Besonderen, also die Frage, inwiefern Kunst als *wirklichkeitsbezogen* und nicht bloß als Fiktion – wenn auch eine schöne – betrachtet werden kann, diese Frage wird durch die Regelung der „inneren Angelegenheiten" innerhalb des Bereichs der *institutionalisierten* Kunst *gar nicht* berührt: Die Kunst und ihre *öffentliche Institutionen* haben *nicht einmal das Mittel*, diese Fragen *allgemeingültig* zu formulieren.

Auch der Versuch, Kunst als „Deutung der Wirklichkeit", „Beschreibung der Wirklichkeit" und dergleichen zu bestimmen, ändert nichts an dieser oben genannten Tatsache. Denn um das Wesen der Kunst so zu bestimmen, *müsste zunächst der Begriff der Wirklichkeit, dann der Begriff der Kunst und dann die Beziehung der beiden zueinander geklärt und bestimmt werden*, bevor man überhaupt in der Lage wäre, die Frage zu stellen, inwiefern Kunst die Wirklichkeit „deutet", „beschreibt", „erhellt" oder „abbildet".

Der Versuch, den Status der Kunst insgesamt zu bestimmen, und damit als Folge den Status der einzelnen Kunstzweige und den der einzelnen Kunstwerke, das kann **nur** *mit philosophisch-systematischen Mitteln* vollzogen werden, was an sich zwar Abstand von den unmittelbaren Erscheinungen der Kunst, also die Kunstwerke bedeutet, ein *Abstand jedoch, der durch diese Erscheinungen selbst diktiert ist*.

Wie wir sehen, ist *der unmittelbare Kontakt mit dem Kunstwerk nicht nur nicht überflüssig, sondern sogar notwendig für das Verständnis seines Wirklichkeitsbezugs*.

2. Die erste und überhaupt die gängigste Art der Betrachtung der Kunst sieht die Kunstwerke als geschlossene Gegebenheiten, die von dem Moment an, wo sie die Hand des Künstlers verlassen haben und von ihm als fertig bestimmt worden sind, in ihrem Wesen unveränderlich sind und in insofern in einer Art Autarkie ruhen.

Das Kunstwerk erscheint so als eine anschaubare Vollkommenheit, gewissermaßen als eine absolute Einheit. Das Kunstwerk erscheint mit anderen Worten als „auf einmal" gegeben, als eine Instanz, die insgesamt nicht nur mit den Augen oder mit den Ohren, sondern auch mit dem Denken erfasst werden kann, eine Instanz, deren Bestimmtheit Ausdruck der Gesetzlichkeit des Bestehens eines Kunstwerks überhaupt ist.

Diese Betrachtungsweise setzt zwar das Kunstwerk in historischen und gesellschaftlichen Zusammenhänge, vergleicht es eventuell mit anderen Kunstwerken, um seine „Besonderheit" oder seine „Gemeinsamkeiten" mit ihnen festzustellen. Das alles aber geschieht, um *den Hintergrund zu (re)konstruieren*, der das Verständnis des einzelnen Kunstwerks, oder genauer gesagt, *das Verständnis des äußerlichen Erscheinungsbilds dieses Kunstwerks* zu ermöglichen.

Das heißt, das einzelne Kunstwerk wird auf jeden Fall als die maßgebende Instanz für dessen Verständnis betrachtet. Das ist auch der Grund, warum es hauptsächlich die einzelne Kunstwerke sind, die „interpretiert" werden bzw. Objekte der sogenannten Kunstkritiken werden können.

Die Gründe, warum man das Kunstwerk so betrachtet, sind verschieden, bestehen aber in der *Verabsolutierung von bestimmten Eigenschaften des Kunstwerks*.

Zunächst ist es die Tatsache, dass *jedes Kunstwerk als einzigartig und als in sich geschlossenes Gebilde* erscheint. Jedes Kunstwerk erscheint als eine neue und einzigartige Darstellung, was ihr Bestehen begründet und rechtfertigt: Mit jedem Kunstwerk beginnt die Kunst gewissermaßen „von Neuem".

Zum zweiten ist es die Tatsache der *End-Gültigkeit der künstlerischen Darstellung*: Wird ein Kunstwerk fertiggestellt, gewinnt es von diesem Moment an Unabhängigkeit und Eigenständigkeit, eine Art „eigenes Leben", dass die Ansichten und die Ziele des bzw. der schaffenden Künstler *vollkommen irrelevant* für das Bestehen und für die Deutung des Kunstwerks als Werk der Kunst sind.

Und *zum dritten* ist es die Tatsache, dass die meisten Betrachter sich *auf die Gegenständlichkeit bzw. auf das Erscheinungsbild des Kunstwerks und auf dessen Gefüge der Farben, Klänge, Linien, Worte, Bewegungen und dergleichen.* konzentrieren. Das heißt, der durchschnittliche Betrachter richtet seine Aufmerksamkeit auf das *Sinnbild* und wie es im Werk dargestellt ist.

3. Mögen die Gründe für die „Autarkie" des Kunstwerks diese oder jene sein, dessen *Autarkiecharakter ist jedenfalls fiktiv*. Es gibt zwei mögliche Richtungen der Betrachtung des Kunstwerks, wo es als autark und gewissermaßen absolut in seinem Erscheinungsbild auftritt – in beiden Fällen bleibt aber vom Kunstwerk als Werk der Kunst nicht viel übrig.

In der einen Richtung wird das Kunstwerk **ausschließlich** als Pro-*dukt* **subjektiver Gefühlsausbruch** *der Person* betrachtet, die es geschaffen hatte. In diesem Fall steht das geschaffene Werk von jedem möglichen Zusammenhang losgelöst – es ist „einmalig" und „absolut" und als solches ruht es tatsächlich in seiner „Autarkie". Für denjenigen aber, der dieses Werk nicht geschaffen hat, kann es gar keine *verbindliche Aussage* und so auch gar keine *verbindlichen Bedeutung* haben. Denn wenn es **ausschließlich** als Produkt **subjektiver Gefühlsausbruch** *verstanden* wird, ist dessen Gehalt *gar nicht vermittelbar* und es muss so angenommen werden, wie es eben ist, also ohne in der Lage zu sein, den Anspruch zu erheben, *etwas Allgemeingültiges auszusagen.*

In diesem Fall ist das Werk aber *auch für denjenigen, der es geschaffen hat*, von jedem verbindlichen Zusammenhang völlig losgelöst, d.h. *er selbst hat keine Möglichkeit, dieses Werk auf **sich** zu beziehen*: Es kann für ihn gar keine verbindliche Bedeutung haben, denn als **bloßes Produkt des subjektiver Gefühlsausbruch** entbehrt dieses Werk des Moments der *Objektivität*, der ihm ermöglicht hätte, dieses Werk erstens **überhaupt** *als Gefühlsausdruck* zu bestimmen und zweitens *als **seinen eigenen** (des Künstlers)* **Gefühlsausdruck** zu betrachten.

Das heißt, *in diesem Werk fehlt **jeglichen** Moment der **Objektivität***, der ermöglichte, das so verstandene Kunstwerk *dem **eindeutigen, verbindlichen** Ausdruck **eines identischen Ichs** zuzuschreiben, das **als solchen objektiven Bestand** hat.*

In der zweiten Richtung wird das Kunstwerk dadurch verabsolutiert, dass man es *ganz „objektiviert"*: Es wird als *bloßer Träger einer objektiven Bedeutungseinheit* betrachtet. Diese Art der Betrachtung führt uns dazu, zwischen der bloß „ästhetischen Seite" und der „inhaltlichen Seite" des Kunstwerks zu unterscheiden.

Diese „Bedeutung" wird hier als rein begrifflicher Gehalt betrachtet, den man bei der „ästhetischen Beurteilung" oder beim „Genuss" des Werks außer Acht lassen muss, um diese vermeintliche Bedeutung nicht zu verfälschen. Man wird hier eigentlich genötigt, die *künstlerische Qualität des Werks als einen äußeren „Umschlagstoff" des begrifflichen Inhalts des Werks* zu betrachten. Hätte dieses „ästhetischen Umschlagstoff" an sich objektive Bedeutung, müsste es als Teil des objektiven begrifflichen Gehalts des Werks gelten, was das ursprüngliche Verständnis des Kunstwerks nicht in Einklang stehen können oder diesem gar widersprochen.

Das Kunstwerk wird aber so zu einer hoffnungslosen Angelegenheit: Es ist *per definitionem* die *rein äußerliche Erscheinung*, *die* *nur noch sich selbst* bedeutet, hat also *gar keine Bedeutung*. Die Folge ist, dass *das* **so genannte Kunstwerk** **als solches** *seine Bedeu-* *tung verliert und durch eine* **„Theorie"** *über seine* **vermeintliche** **Bedeutung** *ersetzt* wird bzw. *ersetzt werden muss.*

Dieses „durch eine Theorie oder gar durch eine Philosophie ersetzt werden" ist übrigens in der so genannten modernen Kunst stark verbreitet. In ihr sind die Absichtserklärungen des Künstlers, seine Weltanschauung und Ziele für das Verständnis seiner künstleri- schen Arbeit so wesentlich, dass diese Arbeit selbst eigentlich über- flüssig ist. Und ihre eigentliche Bedeutung scheint darin zu be- stehen, dass sie **Anlass** für politische, gesellschaftliche oder sonsti- ge Selbsterklärung und insofern Selbstdarstellung des Künstlers ist. Die Gefahr dabei besteht darin, dass dabei die Kunst letztlich zur Pflege und Selbstbestätigung des Künstlers missbraucht und etwas ins Zentrum der Kunst rückt, was mit Kunst im eigentlichen Sinne nicht viel zu tun hat.

Wenn wir uns hier gegen die mögliche Verabsolutierung des ein- zelnen Kunstwerks wenden, so wollen wir damit betonen, dass das Kunstwerk seinen Zweck nicht bloß in sich selbst hat, d.h., dass es nicht etwas ist, das bloß sich selbst bedeutet, und zwar in dem Sin- ne, dass es sich selbst als in sich vollendetes Ganzes umfasst.

Ein echtes Kunstwerk stellt zwar keine additive Summe von Teilen dar, die beliebig zusammengesetzt, weggelassen oder ersetzt wer- den können. *Ein echtes Kunstwerk wird als ein einheitlich struktu-* *riertes Gebilde, als umfassend und simultan erfasst;* **es verweist** **aber trotzdem auf etwas außerhalb von sich selbst**.

Dieses „auf etwas außerhalb von sich selbst verweisen" (Gerichtet- Sein) ist eigentlich die **Verwirklichung** *des Kunstwerks durch den* *Betrachter*, wobei das „Verwirklichen" in diesem Zusammenhang nichts anderes ist als *die Erfassung des Wirklichkeitsbezugs des*

Kunstwerks und somit *die Erfassung der* **existentiellen** *Bedeutung des Kunstwerks für den Betrachter.*

Mit dieser *philosophisch-systematische* Bestimmung ist auch der *philosophisch-systematische* Grund dafür gegeben, warum das Kunstwerk nicht autark ist und nicht sein kann: Es bedarf nämlich *des Betrachters*, um überhaupt als *Kunstwerk* verwirklicht zu werden, aber auch dann bedarf es für die Bestimmung seiner *Kunstmäßigkeit* – und darin besteht seine Verwirklichung – des **Bezugs auf das Wirklichkeitsganze**.

4. Eigentümlich für das *echte* künstlerische Schaffen ist die Tatsache, dass in ihm eine *Verwandlung* stattfindet, in *der ein Individuum etwas* **allgemein Gültiges** *dadurch herstellt, dass es dabei* **selbst als Subjekt** *tätig ist.*

Echte Kunst *steht von vorneherein in der* **Verwandlung des Individuellen oder subjektiv Persönlichen des Künstlers in die Darstellung des Wesentlichen des Individuums als solchem im Kunstwerk**.

Das heißt, *im echten künstlerischen Schaffen dringt man* einerseits *zum Wesen der Subjektivität vor, was das Individuelle im Ausdruck des Künstlers gewissermaßen aufhebt,* andererseits *aber wird das Individuelle oder das subjektiv Persönliche im künstlerischen Ausdruck erhalten, und zwar so, dass das Allgemeine gerade an ihm als empirisch zufällige Tatsache fixiert wird.* Wie kommt aber diese Beschaffenheit des künstlerischen Schaffens konkret zum Ausdruck?

Im Kunstwerk, dem Produkt des künstlerischen Schaffens, muss man zwischen dem *Relativen* und dem *Absoluten* unterscheiden. Das Relative ist der Stoff des Kunstwerks im allgemeinsten Sinne des Wortes. Dieser Stoff besteht in den im Kunstwerk erscheinenden Gegenständen, Figuren, Klänge, Farben, Worten, Bewegungen und dergleichen mehr. „Relativ" bedeutet in diesem Zusammenhang zweierlei: Erstens, dass das Relative durch außerkünstlerischen Umstände wie Ort und Zeit wie auch durch ständig wechselnde Erfahrung des Künstlers bestimmt wird. Und zweitens bedeutet es, dass es eben *nicht* die oben genannten Faktoren an sich sind, die unser Interesse am kunstwerk wecken und uns an ihm fesseln.

Was unser Interesse am Kunstwerk weckt und was uns an ihm fesselt, ist *das Absolute an ihm*: Es ist *der **Sinngehalt** des Werks, der in dem im Stoff enthaltenen **Kunstmäßigen** zum Ausdruck kommt.*

Der Ausdruck „absolut" will hier nicht nur *„allgemeingültig"* besagen, sondern er will auch das *„End-Gültige"* betonen, d.h. die Tatsache, dass der genannte Sinngehalt nicht durch das Relative am Werk relativiert wird.

Worauf es beim Kunstwerk ankommt, ist die **Gesetzmäßigkeit** *seines Schaffens* und dessen **Verwirklichung** *bei der Betrachtung des Werks*. Nicht darauf kommt es an, welche Umstände, Gegenstände, Anschauungen und dergleichen es sind, von denen der Künstler ausgeht bzw. ausgegangen ist, sondern es kommt *nur* darauf an, *welchen Sinngehalt er in welcher Weise darstellt.*

Der *Kunstwert* eines Kunstwerks liegt nicht in dem Stoff (siehe oben), sondern in der *Behandlungsweise* des Stoffs durch den Künstler: Er kann seinen Stoff so gestalten, dass dieser Stoff nur noch er selbst bedeutet. Seine Arbeit wird aber in diesem Fall nur in dem Maß und in dem Sinne „künstlerisch" sein, als sie *äußerlich* wie ein Kunstwerk aussieht.

Der Künstler kann aber – und nur dann verdient er eigentlich den Namen „Künstler" – seinen Stoff so gestalten, dass bei seinem Werk vom Stofflichen abgesehen wird, ja das Stoffliche am Werk gewissermaßen vergießt und das Gesamtinteresse auf den Sinngehalt des Werks richtet.

Dieser Unterschied bestimmt die *Art der Gesetzmäßigkeit der Gestaltung des Stoffes*. Es ist *die spezifische, der Kunst eigentümliche Gesetzmäßigkeit*, die eine Erscheinung von bloß sinnlicher Gegebenheit zum Kunstwerk erhebt, und zwar *als **Ergebnis menschlicher schöpferischer Aktivität***, die ein bestimmtes Material im allgemeinsten Sinne des Wortes so gestaltet, dass *es **die Signatur der Wahrheit** in sich trägt*, was in der *Unwiederholbarkeit* des Werks zum Ausdruck kommt.

*Etwas drängt vom Tiefen des **künstlerisch schaffenden Subjekts** heraus, um durch das betrachtende Subjekt verinnerlicht und angeeignet zu werden.*

Die Tatsache, dass das Wesentliche im Kunstwerk durch die Gesetzmäßigkeit seines Schaffens bestimmt wird, bedeutet jedoch noch nicht, dass diese positiv als Regel beschrieben werden kann, die den Prozess des künstlerischen Schaffens im Voraus bestimmen und leiten kann.

Die *Gültigkeit* dieser Gesetzmäßigkeit können wir nur *im Nachhinein*, also am Ende des Prozesses des Schaffens, nämlich am fertigen Kunstwerk erkennen. Das heißt, *dieser Schaffensprozess wird nicht bewusst gesetzmäßig bestimmt und geleitet*. Es gilt als Tatsache, dass dieser Prozess sich vollzieht; jedoch nur von dem Moment an, wo das Kunstwerk die Hand des Künstlers verlassen hat, gilt diese Gesetzmäßigkeit *für allen: Dann bestimmt sie auch die gültige, eben gesetzmäßige Betrachtung des Kunstwerks, also dessen Verwirklichung als Werk der Kunst.*

Die Genialität des Künstlers besteht darin, dass er ohne bewusste Anwendung von a priori geltenden und gültigen Regeln ein gegebenes Rohmaterial – Farbe, Klang, Wort, Bewegung und dergleichen mehr – so gestalten kann, dass daraus ein Objekt entsteht, da*s trotz seiner einmaligen persönlich-subjektiven Prägung doch **universelle Bedeutung** hat*, die im Sinngehalt dieses Objekts – jetzt ein Kunstwerk – zum Ausdruck kommt.

Auf dem ersten Blick scheint es so zu sein, als ob die Produkte der kreativen Kräfte und der Phantasie des Künstlers in einem krassen Gegensatz zu jeder Art allgemeingültiger Darstellung stünden. Der Kern der Sache besteht jedoch darin, dass *gerade die* **künstlerische Art der Darstellung** *die* **einzige** *ist, die* **die Wahrheit in der Subjektivität und überhaupt die Wahrheit der Subjektivität** *offenbaren kann*, auch wenn wir nicht in der Lage sind, künstlerische „Produktionsregeln" zu formulieren.

Der Kern der Sache besteht also darin, dass *der künstlerische Schaffensprozess wie die Betrachtung von Kunstwerken* nichts anderes ist, als eine bestimmte Art der *Wirklichkeitsfindung –* und damit der *Selbstfindung –*, die aber *nur* mit den Mitteln der Kunst vollzogen werden können.

Kunst bedeutet also nicht bloß Abbildung einer im Voraus gegebenen Wirklichkeit, sondern sie stellt einen *Weg* dar, der uns zur *objektiven Erfassung der Subjektivität im Allgemeinen und der persönlichen Subjektivität im besonderen* führt: *Kunst offenbart und ent-deckt Wirklichkeit, und zwar auf eine Weise, die für sie eigentümlich ist.* **Hier** ist die *Eigenständigkeit, Eigentümlichkeit und Autonomie der Kunst* begründet.

5. Wenn wir nun versuchen herauszufinden, wo alle Fäden, die wir hier beschrieben haben, zusammenlaufen, werden wir zu einer *philosophisch-systematischen* Grundbestimmung geführt, die wir schon einmal berührt haben: *Im Kunstwerk findet eine Verwandlung statt, in der ein Individuum etwas Allgemeingültiges herstellt, und zwar dadurch, dass es selbst als Subjekt tätig ist.*

Diese Verwandlung besteht darin, dass in der Persönlichkeit des Künstlers selbst, *gleich wodurch* veranlasst, *etwas Ursprüngliches* erfasst und geistig verarbeitet wird, dessen Entfaltung insgesamt in der Darstellung des *Wesentlichen der Subjektivität im Kunstwerk* ihre Erfüllung findet.

Im Kunstwerk als Produkt eines empirisch zufälligen Individuums offenbart sich dem betrachtenden Subjekt, das wiederum ein empirisch zufälliges ist, die Wahrheit in seiner Subjektivität und überhaupt die Wahrheit der Subjektivität.

Damit erzeugt der Künstler eine *Beziehung des eigenen,* **persönlichen Subjektiven** *wie auch des* **persönlichen Subjektiven** *des Betrachtenden des Kunstwerks* zur **Wirklichkeitsordnung** *in ihrem weitesten Zusammenhang.*

Hier, in diesem großen Zusammenhang ist auch die *existentielle Bedeutung* der künstlerischen Darstellung sowohl für die schaffende Person als auch für die betrachtende Person begründet. Diese *existentielle Bedeutung* des Kunstwerks, d.h. **der Bezug des Werks zum Wesentlichen im Dasein des individuellen Menschen als solchem** besteht **nur** *in der Stellung des Kunstwerks in der* **übergeschichtlichen, ja überzeitlichen** *Dimension der Wirklichkeitsordnung insgesamt und somit der* **Wahrheit überhaupt.**

Die Tatsache, dass alle Fäden in diesem Punkt der eben dargestellten philosophisch-systematischen Grundbestimmung zusammenlaufen, macht uns auf *die starke,* **un***aufhebbare Spannung zwischen dem Subjektiven und dem Objektiven im Kunstwerk* aufmerksam.

Ein Künstler als Subjekt schafft ein *Werk* und der Betrachter als ein anderes Subjekt verwirklicht es als **Kuns***twerk.*

Diese Spannung ist der Grund der Schwierigkeiten in der Bestimmung der Kunst überhaupt einerseits im Vergleich mit dem, was von vorneherein nicht als Kunst gelten kann, andererseits aber mit dem, was zwar als Kunst erscheint, in Wahrheit aber gar keine Kunst ist.

Diese Spannung ist aber auch der Grund für die Schwierigkeiten der Bestimmung des Status des einzelnen Kunstwerks und ist der Grund der Unmöglichkeit der positiven Formulierung der Gesetzmäßigkeit, die das künstlerische Schaffen bestimmt und leitet, die aber auch das Betrachten des Kunstwerks in seiner Gültigkeit bestimmt.

Im Folgenden möchte ich bestimmte Aspekte des einzelnen Kunstwerks erörtern, welche durch diese Spannung bestimmt sind.

6. Der erste Gesichtspunkt dieser Spannung ist schon beim Künstler selbst zu spüren. Zu sagen, dass das Kunstwerk *nicht bloß subjektiver Gefühlsausdruck des Künstlers* ist, bedeutet im Grunde, dass seine Motive und seine Themen letztlich nichts als *äußerliche Veranlassungen* für die Gestaltung und für die Darstellung dessen sind, was *in ihm in seiner persönlich geistigen Entwicklung reifte: In ihm selbst, im Tiefen seiner eigenen Persönlichkeit, und nicht in etwas außerhalb von ihm selbst, erfasst der Künstler* **etwas Ursprüngliches***, das er geistig verarbeitet und dessen Entfaltung insgesamt in der Darstellung in seinem künstlerischen Werk seine Erfüllung findet.*

Dieses „etwas Ursprüngliches", das der Künstler in seinem Inneren verspürt, ist kein rohes Phantasiegebilde, das nur noch „geschliffen" werden muss. Es ist eine lokale, momentan erfasste Berührung mit der Wirklichkeit insgesamt, die auf Gestaltung *drängt*. „Drängt", weil es hier um die *Selbst-Bewusstmachung* und um die *Selbst-Bestimmung* des Künstlers selbst geht.

Hier drängt etwas zur Äußerung beziehungsweise zur Ent-Äußerung, was der Künstler nicht einfach ignorieren und dessen Entäußerung er sich nicht einfach verweigern kann, ohne gleichzeitig *sein Selbst schwer zu beschädigen und seine Existenz als Individuum zu gefährden.* (das gilt übrigens nicht nur für die Kunst, sondern in gleichem Maß für jede Art von schöpferischer Tätigkeit, die das Individuum in den Zusammenhang des Wirklichkeitsganzen stellt).

Hier und nicht im sinnlichen Wahrnehmen, d.h. im „Erleben", aber auch nicht im bloßen Ausdruck eines „Zeitgeistes", liegt die existentielle Bedeutung der künstlerischen Darstellung – sowohl für die schaffende Person als auch für die betrachtende Person.

Diese Spannung im Inneren des Künstlers kommt im Kunstwerk dadurch zum Ausdruck, dass die *Authentizität* und die *Wahrhaftigkeit* des *künstlerischen Schaffens* mit der *Wahrheit des Sinngehalts des Kunstwerks* zur *identischen Einheit* verschmelzen.

Das heißt, die *Authentizität und Wahrhaftigkeit des künstlerischen Schaffens* bestimmen zum Teil die Objektivität des künstlerischen Ausdrucks als Kunst und zwar aus zwei Gründen: *Erstens*, weil sie beiden eine notwendige Bedingung für den künstlerischen Kontakt mit dem Wirklichkeitsganzen ausmachen, der im Sinngehalt des Kunstwerks als *Wahrheit* zum Ausdruck kommt.

Und *zweitens*, weil dieser Sinngehalt keinesfalls als getrennt von dem künstlerischen Ausdruck selbst *gedacht* werden kann: Dieser Gehalt besteht *nicht* an und für sich außerhalb der künstlerischen Darstellung.

Hier ist auch die *Eigenständigkeit, Eigentümlichkeit und Autonomie der Kunst* begründet: *Die Kunst macht dem Menschen eine Seite der Wirklichkeit zugänglich, die auf keinen andere Weise möglich wäre*, eine Tatsache, die uns zu der Aussage berechtigt, *dass in der spezifischen Art der Darstellung, die wir „künstlerisch" nennen, sich **Wahrheit** offenbart und manifestiert.*

Die Verschmelzung der Authentizität und der Wahrhaftigkeit des künstlerischen Schaffens mit der Wahrheit des Sinngehalts des Kunstwerks zur unteilbaren, d.h. identischen Einheit im Kunstwerk bzw. als Kunstwerk bedeutet, dass die *Tatsache* des künstlerischen Ausdrucks von der *Art* des künstlerischen Ausdrucks, die das So-Sein des Kunstwerks bestimmt, nicht voneinander zu trennen sind.

Das kunstwerk ist kein Behälter von Wahrheit und ist nicht bloß Mittel zur Erkenntnis derselben: *In ihm* wird etwas objektiviert, das auf keine andere Weise objektiviert werden kann. Das heißt, dieser Prozess der Objektivierung beginnt schon mit der Bestimmung des Motivs und mit der Auswahl des Rohmaterials und schließt in dem Moment ab, wo das Kunstwerk die Hand des Künstlers verlassen hat und dabei seine Eigenständigkeit und Autonomie gewinnt: *Was sich im Kunstwerk objektiviert, objektiviert sich in den Farben, Klängen, Worten, Bewegungen und dergleichen mehr, **in ihnen selbst vollzieht sich diese Objektivierung**.*

Diese Tatsache, die eigentlich nichts anderes als das So-Sein des Kunstwerks selbst darstellt, ist der höchste Ausdruck der Spannung zwischen dem Subjektiven und dem Objektiven im Kunstwerk. Hier liegt auch, wie gesagt, die Wurzel der Missverständnisse in der Beurteilung des einzelnen Kunstwerks.

Es ist in diesem Zusammenhang wichtig einzusehen, dass die künstlerische Art der Darstellung und der Gestaltung selbst *Offenbarung und Manifestation von **Wahrheit*** ist. Jeder Künstler schafft immer neue und einzigartige Darstellungen und Gestaltungen; es gibt keine zwei gleichen Kunstwerke, und mit jedem Kunstwerk beginnt gleichsam „alles von neuem".

Das bedeutet jedoch nicht die Relativierung der Bedeutung der künstlerischen Darstellung überhaupt, auch nicht in dem Sinne, dass der Stoff, d.h. das, was in ihr dargestellt ist, als ein zufällig bestimmte Verpackung der Bedeutung des Sinngehalts des Kunstwerks verstanden wird, von der wir es entkleiden müssen, um auf seinen „wirklichen" Sinn zu stoßen.

Das Kunstwerk kann auch nicht als Symbol von etwas gelten, denn dann würde es ohne eigenständige Bedeutung bleiben.

Es muss in diesem Zusammenhang eingesehen werden, dass *das Subjektive und das Objektive im Kunstwerk, das Relative und das Absolute an ihm*, miteinander zu einer **unteilbaren** Einheit verschmelzen. Die künstlerische Darstellung ist *keine Materialisie-*

rung von Sinngehalt im Sinne von Versinnbildlichung desselben. Der Sinngehalt, die Bedeutung ist *nicht* als sinnliche Darstellung, sondern *in der sinnlichen Darstellung* zu denken: Die spezifische künstlerische Gestaltung des Materiellen („Stoff") ist von der Art, die zum Sinngehalt als Wahrheit führt. Dieses „Führen" vollzieht sich aber *im Kunstwerk selbst*.

7. *Das große Problem für uns*, was durch die starke, grundsätzlich unaufhebbare Spannung zwischen dem Subjektiven und dem Objektiven am Kunstwerk verursacht wird, besteht nun in der *Beurteilung des einzelnen Kunstwerks*. Dieses Problem kommt dadurch zum Ausdruck, dass das einzelne Kunstwerk, wegen dieser Spannung, *keine unmittelbar erfahrbare Gültigkeit* hat und haben kann.

Die Verschmelzung des Subjektiv-Persönlichen mit dem Objektiv-Absoluten zu einer identischen Einheit im bzw. als Kunstwerk, was nichts anderes als die Verwandlung des Individuellen oder Subjektiv-Persönlichen des Künstlers in die Darstellung des Wesentlichen des Individuums als solchem im Kunstwerk ist, verursacht den Zustand, in dem *die Allgemeingültigkeit des einzelnen Kunstwerks bzw. seines Sinngehalts nicht unmittelbar zu erkennen ist*, und zwar in dem Sinne, dass *derselbe Sinngehalt von allen ein Kunstwerk betrachtenden Personen in gleicher Weise gedacht werden muss*.

Dieser Zustand führt zur uns bekannten Flucht zur *Unverbindlichkeit des Ästhetischen*, was im sogenannten *Geschmacksurteil* zum Ausdruck kommt: Die Wirkung der ästhetischen Reize eines Kunstwerks auf unsere Empfindungen und Gefühle, was im Geschmacksurteil „objektiv" zum Ausdruck kommen soll, wird so schlagartig zentral.

Das Problem dabei besteht aber in der Tatsache, dass die besondere Qualität des Kunstwerks weder die ästhetische ist noch sein kann. Denn was *die Wirkung des So-Seins eines ästhetischen Objekts auf unsere Sinne, auf unsere Empfindungen und Gefühle* betrifft, worin soll der Unterschied zwischen einem Kunstwerk und einem Naturprodukt bestehen? Es besteht nämlich *gar keinen* Unterschied.

Das soll aber nicht missverstanden werden. Ich möchte gar nicht leugnen, dass Kunst und Erlebnis in irgendeinem Zusammenhang miteinander stehen: *Das Kunstwerk lässt sich gar nicht vom begleitenden Gefühl trennen.* Darin besteht bestimmt zum Teil der Reiz der künstlerischen Darstellung. *Das ästhetische Erlebnis an sich offenbart uns aber nicht den künstlerischen Wert, die besondere künstlerische Qualität des Kunstwerks, die etwas **Allgemeingültiges** aussagt.*

Denn *alle* Sinneseindrücke – und nicht nur die, die durch Kunst verursacht sind – sind von ästhetischen Empfindungen begleitet. *In dieser Hinsicht besteht keinen grundsätzlicher Unterschied zwischen dem Produkt des künstlerischen Schaffens und einem Naturprodukt.*

*Jede Ästhetik lässt das Wesen der Kunst außer Acht und dabei unerklärt, weil sie es **gar nicht berührt:** Denn hier geht es um die Frage nach der *Wahrheit* und nicht um die Frage nach dem Verhältnis vom subjektiv bestimmten Geschmacksurteil und einem Kunstwerk.

Daran ändert sich auch nichts, wenn wir von den Sinneseindrücken absehen und unsere Aufmerksamkeit auf die „Intuitionen" des Künstlers einerseits und auf die durch das Kunstwerk hervorgerufenen „Assoziationen" beim Betrachter andererseits konzentrieren.

Denn erstens mögen die Assoziationen des Betrachters zwar interessant sein, können aber *nicht das letzte Wort* haben. Im Gegenteil: Ein echtes Kunstwerk steht als vom Künstler entlassenes Werk im Zeichen der *End-Gültigkeit* und insofern – zumindest prinzipiell – im Zeichen der *Ein-Deutigkeit.* Ein Kunstwerk führt zwar aus sich hinaus, aber nicht im Sinne von Auslösen willkürlich bestimmter

Assoziationen, sondern genau umgekehrt, im Sinne des *Aufzwingens seiner Eindeutigkeit* auf eine Weise, die die Aufmerksamkeit des Betrachters zum Zusammenhangs mit dem *Wirklichkeitsganzen* lenkt.

Oder anders formuliert: *Das echte Kunstwerk regt zum Nachdenken, das als **Denken** immer eine **allgemeingültig bestimmte Richtung** aufweist*, während die Assoziationen genau das Umgekehrte davon aufweisen, nämlich keine allgemeingültig bestimmte Richtung, sondern sie verweisen auf die willkürlich-individuelle Bestimmung durch deren Auslöser.

Je mehr Assoziationen ein Kunstwerk auslöst, desto „flacher" ist es: Reichtum an Assoziationen ist genau die umgekehrte Richtung zur Erreichung der künstlerischen Voll-Endung.

So z.B. lösen wenige zufällig gezogene Farbstriche auf einer weißen Leinwand unendlich viele Assoziationen aus; konkret heißt das, dass dieses „Werk" *gänzlich unbestimmt* ist. Mit jedem weiteren Strich wird aber die Zahl der möglichen Assoziationen vermindert, und zwar so, dass das ideal voll-endete Bild *gar keine* Assoziationen mehr auslöst.

Das ist übrigens der Grund, warum die sogenannte abstrakte Kunst so fragwürdig ist: Sie ist einfach – im Gegensatz zur *echten* Abstraktion – im wahrsten Sinne des Wortes un-bestimmt.

Und was die Intuitionen des Künstlers betrifft, so müssen wir zweitens sagen, dass diese – was Kunst betrifft – *an sich ohne Bedeutung* sind: Denn hier steht nicht der Künstler und seine „Intuitionen" im Zentrum, sondern seine Fähigkeit, ein bestimmtes Rohmaterial auf eine sehr bestimmte Weise zu gestalten, und zwar so, dass daraus ein *Kunstwerk* entsteht.

Welche Intuitionen der Künstler bei dieser Gestaltung hat, das kann zwar sehr interessant sein, ist aber, wenn überhaupt, *irrelevant*, sowohl für das Schaffen des Kunstwerks wie auch für dessen Verständnis: Für das Schaffen, weil die Gesetzmäßigkeit dieser Gestaltung von ihm nicht bewusst beherrschbar ist – und deshalb sind diese Intuitionen auch für dessen Verständnis nicht unbedingt relevant.

8. Warum letztlich jede Ästhetik und jede Art von „Intuitionismus" und jede Art von „Assoziationismus" das Wesen der Kunst unberührt und unerklärt lassen, macht uns die folgende Frage besonders deutlich bewusst: *Warum fügt sich der Stoff überhaupt dem Künstler? Ist es denn so selbstverständlich, dass* **Offenbarung und Manifestation von Wahrheit** *entsteht, wenn man ein bestimmtes Material auf eine sehr bestimmte Weise („spezifisch künstlerisch") bearbeitet und gestaltet?*

Dieses Schaffen eines Kunstwerks ist doch *gar nicht steuerbar*, wie es bei anderen Fällen der Produktionen der Fall ist. Für das Kunstwerk bedeutet das, dass es fertig sein muss, ehe es als Werk der Kunst überhaupt gelten kann.

Die Antwort auf die eben gestellte Frage mag im Augenblick schwindelerregend sein, sie ist auf jeden Fall die richtigere: *Das, was das künstlerische Schaffen zum Ausdruckt bringt, ist dem Stoff dieses Schaffens immanent, d.h. es ist immer schon als Möglichkeit in ihm latent enthalten und es wird auch durch dessen Eigenschaften bestimmt.* Die Eigenschaft des Stoffs muss derart sein, dass die künstlerische Darstellung als etwas *Objektives*, also von *objektiver Gültigkeit* möglich sein muss. Der Entdeckungs– und Erfindungsgeist des Künstlers, die Suche der Künstler nach dem richtigen Stoff (im allgemeinsten Sinne des Wortes) bezeugt diese Tatsache.

Der Stoff muss nicht bloß „kooperieren": Die *künstlerische gesetzmäßige* Bearbeitung dieses Stoffs führt *zwangsläufig* zu den latent in ihm enthaltenen Möglichkeiten. Darin ist die *Authentizität* der künstlerischen Arbeit des Künstlers begründet, und das ist auch der

Grund, warum seine Arbeit als *Manifestation von Wahrheit* überhaupt gelten kann.

Die Genialität des Künstlers besteht in seiner Fähigkeit, diese Möglichkeiten zu verwirklichen: Sie besteht darin, dass der Künstler *unbewusst* seine schöpferischen Kräfte so aktiviert, dass sie *gesetzmäßig* zur künstlerischen Darstellung führen.

Und hier finden wir einen der höchsten Ausdrücke der *Identität und Einheit der Wirklichkeit*: Die Gesetzmäßigkeit des künstlerischen Schaffens ist zwar der Kunst spezifisch, **sie ist aber durch eine Gesetzlichkeit bestimmt, die jede andere Art der Gesetzmäßigkeit überhaupt, einschließlich die der „Materie" und des „Stoffes", bestimmt.**

Diese **Übereinstimmung der Gesetzmäßigkeiten**, die durch *die Verankerung in einer universell geltenden gesetzlichen Grundlage* bestimmt ist, macht das Kunstwerk überhaupt möglich und verleiht ihm den Sinn, den es in sich trägt.

Wenn wir also sagen, dass schon das Rohmaterial die künstlerische Darstellung als Möglichkeit latent in sich trägt und sich durch dessen Eigenschaften bestimmt, so meinen wir damit *nicht*, dass schon im Rohmaterial die einzelnen fertigen Kunstwerke zu „erkennen" seien, und dass die Genialität des Künstlers darin bestehe, dass nur er dies sehen und wiedergeben („nachahmen") kann.

Gemeint ist die Tatsache, dass der Künstler diese im Material latente Gesetzmäßigkeit verwirklicht – im gleichen Sinne wie z.B. der Schmied in seiner Arbeit eine (zwar andere) Gesetzmäßigkeit verwirklicht, die in der Materie latent enthalten ist. *Die Lage des Schmids ist jedoch viel günstiger als die des Künstlers: Er **weiß im Voraus**, was er erreichen will, wie er es am besten erreichen kann, und er stellt selbst auch die Instanz dar, die die Qualität des Produkts im Vergleich mit dem gewollten Produkt prüfen und beurteilen kann.*

Die Produkte des Schmids offenbaren, abgesehen von der von ihm befolgten gesetzmäßigen Eigenschaften der Materie, *an sich* jedoch keine Wahrheit und manifestieren daher keine. Die „Wahrheit" der Produkte des Schmids, abgesehen von der Befolgung der Naturgesetzlichkeit durch den Schmid, besteht in ihrer Entsprechung zu dem Plan ihres Produzenten.

Das Wesen des Kunstwerks besteht dagegen gerade darin, dass es *an sich Wahrheit offenbart und manifestiert.* Das Materielle am Kunstwerk wird dadurch nicht weniger materiell, aber die Verwirklichung dieser in ihm latenten Gesetzmäßigkeit erhebt die dadurch zur künstlerischen Darstellung gewordene Materie aus der begrenzten Sphäre der bloßen Natur, zu der auch bestimmte Züge des Mensch selbst gehören, in die *Sphäre der Wahrheit über das menschliche Individuum als solchem.*

In diesem kontinuierlichen, gesetzmäßig bestimmten Übergang zwischen den Sphären besteht die Einheit und Identität der Wirklichkeit.

Genau das geschieht beim *Betrachten* des Kunstwerks, das durch **dieselbe** *Gesetzmäßigkeit* bestimmt ist: *Der Betrachter richtet seine Aufmerksamkeit auf ein ihm fremden Objekt der Außenwelt, erfährt aber dabei etwas Fundamentales über sich selbst als Mensch und als Individuum.*

Wenn das *echte künstlerische Schaffen* durch die Verwandlung des Individuellen oder subjektiv Persönlichen des Künstlers in die Darstellung des Wesentlichen des menschlichen Individuums als solchem im Kunstwerk charakterisiert ist, so besteht das *echte Betrachten des Kunstwerks* in der Fähigkeit, *dieses allgemein Gültige persönlich zu erkennen und anzueignen.* Hier geht es also nicht darum, ein Kunstwerk „theoretisch" zu „verstehen", was immer das heißen mag, sondern um die Bewusstwerdung und um das Erkennen dessen, was dem menschlichen Individuum als solchem wesentlich ist.

Die menschliche Existenz kann nur auf dem Hintergrund der Wirklichkeit insgesamt als solche verstanden und verwirklicht werden. Nur in dieser Verbindung kann diese menschliche, d.h. persönlich individuelle Existenz überhaupt *Sinn und Bedeutung* haben.

Die Verwirklichung dieser Verbindung kann nur über die Kunst vollzogen werden: *Kunst stellt für uns die einzige Weise dar, die diese Verbindung zwischen Gesamtwirklichkeit und zwischen dem Wesentlichen im Dasein des individuellen Menschen als solchem auf dem Horizont des Bewusstseins auftauchen lässt* und so Einfluss auf das bewusste Leben des Individuums ausübt.

Wenn man also genau hinschaut, sieht man, dass die Betrachtung von Kunst grundverschieden ist von der Schaffung von Kunst, wobei *die Betrachtung nicht nur nicht leichter als das Schaffen, sondern, wenn auch auf eine andere Weise, viel schwieriger ist.*

Denn die Fähigkeit des Künstlers, in der seine Genialität besteht, zeichnet sich dadurch aus, dass sie ihm ermöglicht, eine Verbindung zwischen dem Wirklichkeitsganzen und seinen einzelnen Schöpfungen zu vollziehen. Diese Verbindung macht seine Arbeit *authentisch* und *echt*, sie macht sie aber auch *wahr*. *Der Umkehrschluss ist aber nicht möglich*: Ein einzelnes Kunstwerk führt nicht direkt zum Zusammenhang des Wirklichkeitsganzen, was dadurch zum Ausdruck kommt, dass das einzelne Kunstwerk keine unmittelbare, gewissermaßen „anschaubare" Gültigkeit hat.

9. Der Betrachter wird also genötigt, beim Verstehen des einzelnen Kunstwerks dieses zu verlassen, und es in den Gesamtzusammenhang der Wirklichkeit zu setzen. Dabei wird er aber zunächst erfahren, dass *das Einzelkunstwerk nur als ein Bestandteil eines Ganzen zu verstehen ist, nämlich des gesamten Bereichs der Kunst.*

Das heißt, dass ein Einzelkunstwerk nicht nur nicht autark ist, *es braucht noch den Zusammenhang mit allen Kunstwerken des glei-*

chen Kunstzweigs wie auch den Zusammenhang mit allen Kunstwerken der anderen Kunstzweige.

Es gehört schon ein großes Kunstverständnis dazu, zu verstehen, dass die Verbindung zwischen Kunst und Wirklichkeit nicht unmittelbar durch die Betrachtung eines einzelnen Kunstwerks vollzogen werden kann, sondern nur über den Gesamtbereich der Künste („Gesamtkunst").

Wohlgemerkt, *Gesamtkunst* und keinesfalls *Gesamtkunstwerk*. Der Gedanke des Gesamtkunstwerks will, abgesehen von der bloßen Verbindung aller Kunstarten zu einem einzigen Kunstwerk, gerade die Kluft zwischen Kunst und Wirklichkeit überwinden, und zwar durch diese „Gesamtheit" an diesem Kunstwerks.

Trotz dieses guten Vorsatzes stellt der Begriff des Gesamtkunstwerks eine begriffliche Missbildung höchstens Rangs dar. Denn es ist *vollkommen unmöglich*, die *notwendig systematische Differenzierung der Künste in ihre Zweige* innerhalb des Rahmens eines Einzelkunstwerks zu überwinden, was eine notwendige Bedingung zu dessen Herstellung wäre: *Die Gesetzmäßigkeit, die zu dieser Differenzierung führt, liegt außerhalb der Reichweite der Kräfte des künstlerischen Schaffens.*

Das heißt, das Problem besteht nicht darin, so ein Multitalent zu finden, das in allen Kunstzweigen im gleichen Maß schöpferisch sein kann, was ohnehin – wegen der Begrenztheit des Menschen im breitesten Sinne – von vornehrein gar nicht möglich ist. Und auch wenn es möglich wäre, dann würde dieses Multitalent einfach in den verschiedenen Kunstzweigen Einzelkunstwerke schaffen und sie in Verbindung bringen, was bedeutete, dass es ein „Gesamtkunstwerk" nur insofern schaffen könnte, als es verschiedene Einzelwerke *mechanisch* miteinander verbinden würde.

Ob dieses „multidimensionale" Produkt ein Kunstwerk darstellt, das wage ich zu zweifeln, denn das Problem ist kein technisches, sondern besteht, wie gesagt, in der *grundsätzlichen Unmöglichkeit* eines solchen künstlerischen Gebilde überhaupt.

Auch mit einer anderen Variante des Begriffs des Gesamtkunstwerks (das Werk als Lebensvollzug) steht es nicht besser, eigentlich eher schlechter. Auch hier geht es um die Einheit aller Kunst-Gattungen. Auch hier geht es um die Aufhebung und um die Überwindung der Kluft zwischen Kunst und Wirklichkeit. Hier wird jedoch die (vollständige) Verwirklichung dieser beiden Aspekte des Gesamtkunstwerks nicht im Rahmen eines einzelnen, bestimmten Werks vollzogen.

Der Begriff des Gesamtkunstwerks ist hier eher als Ausdruck des Bedürfnisses und des Strebens des Menschen bzw. des Individuums nach Einheit mit der Welt und mit sich selbst zu verstehen. Die Synthese aller künstlerischen Möglichkeiten als Gesamtkunstwerk ist hier also weniger Werk als *Lebensvollzug*. Gemeint ist nicht bloß das Brücken-Schlagen zwischen Kunst und Leben, sondern die (totale) gegenseitige Durchdringung der beiden.

Die Abweichung vom üblichen Begriff des Kunstwerks besteht hier in dem Versuch, **bewusst auf die Wirkung der Kunst auf das praktische Leben Einfluss zu nehmen, und dadurch in das tatsächlich geführte Leben einzudringen**. Diese Abweichung besteht hauptsächlich darin, dass das Gesamtkunstwerk *erst dann vollkommen ist und nur dann ein solches sein kann, wenn der reale Mensch mit in dieses „Werk" einbezogen wird.*

Denkt man diesen Gedanken *zu Ende*, so wird der von Kurt Schwitters geäußerte Anspruch, „in seiner noch unschätzbaren Zukunft die ganze Welt zu einem gewaltigen Kunstwerk umzugestalten"

Dass diese Kunstauffassung eigentlich weniger eine Auffassung von der Kunst, dafür aber mehr – nach der Meinung von Kurt Schwitters – eine Auffassung von der Natur der Welt und des Menschen ist, und so eine Auffassung von der angemessenen Gestaltung seines Alltags und eine Auffassung von der gesellschaftlich-sozialen und politischen Interessen und Angelegenheiten des Menschen ist, das ist nicht schwer zu erkennen, zumal der Begriff von Kunst bei ihr *leer bzw. unbestimmt* bleibt.

Dazu kommt noch die Tatsache, dass **diese Kunstauffassung im höchsten Maß gefährlich ist**, denn – wenn auch von ihren Vertretern gar nicht so gemeint – den Ausdruck einer **totalitaristischen** Welt- und Gesellschaftsauffassung dar.

Bei dieser Auffassung bleibt der Kunstbegriff leer bzw. unbestimmt, weil bei ihr der Begriff des *Produkts des künstlerischen Schaffens* keine tatsächliche Bestimmung erfährt. Das heißt, die Bedingungen zur Entstehung eines solchen Produkts, die Abgrenzung dieses Produkts als Erscheinung von anderen nicht künstlerisch bestimmten Erscheinungen, aber auch die Darlegung der Art der Wirkung des Produkts des künstlerischen Schaffens, sind in dieser Auffassung, abgesehen von unverbindlichen „Statements", nicht vorhanden.

Oder anders formuliert, um das Wort „Produkt" zu vermeiden: *Wie*, d.h., unter welchen Bedingungen, *wo* und *auf welche Weise* vollzieht sich Kunst, und zwar so, dass sie als etwas Definierbares und als etwas Bestimmtes, „wirkt" bzw. sich verwirklicht? Auf diese Fragen gibt die oben genannte Auffassung keine verbindliche Antwort.

In diesem Zusammenhang reicht es leider nicht aus, auf den Menschen, auf seine Bedürfnisse und auf die Belange seines Lebens hinzuweisen. Die menschliche Wirklichkeit – wie die Wirklichkeit überhaupt – ist an sich komplex und in ihrem Zusammenhang zu breit, als dass die Einheit von Kunst und Leben oder gar die Aufhebung der Grenzen zwischen den beiden – unabhängig davon, was mit „Kunst" und „Leben" gemeint ist – im Bereich der Kunst selbst, d.h. durch Künstler möglich sein kann.

Es verwundert einen deshalb nicht, dass man bei den Versuchen, diese Kunstauffassung bzw. diese Idee vom „Gesamtkunstwerk" zu verwirklichen, immer wieder auf eine *einzelne künstlerische Darstellung* zurückgeworfen wird, in der „Kunst" und „Leben" sich *angeblich* zu einer „dialektischen" Einheit verbinden.

Jedoch gerade diese vermeintliche Einheit und Gleichwertigkeit aller Kunst-Gattungen bringt am deutlichsten die Grenzen dieser Kunstauffassung zum Ausdruckt: Denn gerade in dieser vermeintlichen Einheit werden *die Grenzen und die Verschiedenartigkeit aller Gattungen, aber auch die Unmöglichkeit ihrer Vermischung* auf *diese gewollte Art und Weise* zu einer definierbaren nur hervorgehoben und bewiesen. Damit wird aber auch der lebendige Zusammenhang zwischen Künstler, seinem Werk und dem Betrachter geradezu aufgelöst.

Diese Kunstauffassung ist aber auch, abgesehen von ihrer Eigenschaft als eine Auffassung von Kunst, wie oben erwähnt, eine *für Individuum und Gesellschaft sehr gefährliche.*

Denn damit die Verwirklichung dieser Einheit von Kunst und Leben bzw. der Aufhebung der Grenzlinien zwischen den beiden möglich wird, müssen zwei Bedingungen erfüllt sein: *1.* Der Künstler bzw. sein Auftraggeber muss eine Instanz darstellen, deren *Erkenntnis-Kompetenz* in Bezug auf den real bestehenden Menschen, in Bezug auf die angemessene Gestaltung seines Alltags und in Bezug auf die lebenswichtigen Interessen von Individuum und Gesellschaft, *absolut* ist. Und *2.* Es muss das Bestehen einer Instanz – oder genauer einer *Macht* – vorausgesetzt werden, die in der Lage ist, diese Erkenntnisse und das, was aus ihnen folgt, also diese künstlerische Totalität zu verwirklichen.

Ich weiß nicht, wie viele potenzielle Formen es gibt, die das möglich machen. Eines werden diese Formen auf jeden Fall gemeinsam haben: *Die totale Beherrschung des Bewusstseins des Menschen.*

Denn erst dann kann das Ideal der Einheit von Kunst und Leben und der Aufhebung der Grenzen zwischen ihnen als verwirklicht gelten. Das ist aber *Totalitarismus*, wenn auch „ästhetisch" geprägt.

10. Mit dem Verweis auf den gesamten Bereich der Kunst schließt sich der Kreis der Verwandlung des Individuellen oder des subjektiv Persönlichen des Künstlers in die Darstellung des Wesentlichen des Individuums als solchem im Kunstwerk. Hier ist der Punkt, wo *die Wirklichkeitsbezogenheit der Kunst und die Unabhängigkeit ihres Wahrheitswerts, also ihre Eigenständigkeit und Autonomie zum Ausdruck kommen.*

Wenn wir also sagen, dass das einzelne Kunstwerk nur ein Bestandteil eines Ganzen ist, und dass es den Zusammenhang mit allen Kunstwerken des gleichen Kunstzweigs, aber auch mit allen Werke der anderen Kunstzweige benötigt, um seinen Status als Einzelkunstwerk zu bewahren, so deuten wir damit auf die *Einheit* des gesamten Bereich der Kunst hin.

In dieser Hinsicht besteht gar keinen Unterschied zwischen dem Objekt der Kunst („Kunstwerk") und dem Naturobjekt. Wie das Naturobjekt *nur* im Gesamtzusammenhang des Bereichs der Natur Bestand hat, so hat das einzelne Kunstwerk Bestand *nur* im Gesamtzusammenhang der Kunst.

Der Unterschied zwischen den beiden Objekten besteht jedoch darin, dass, während *das Bestehen und das Verstehen*, d.h. *die erkenntnismäßige Bestimmung* des Naturobjekts von der *Spannung* zwischen den Subjektiven und dem Objektiven *befreit* ist, diese Spannung im Bereich der Kunst *maximal*. Sowohl das *Bestehen* wie auch das *Verstehen* des Kunstwerks sind von dieser Spannung *maximal* geprägt.

Mit dem Verweis auf den gesamten Bereich der Kunst möchten wir im Grunde auf nichts anderes als auf die Einheit und Autonomie dieses Bereichs verweisen – damit aber umso mehr auf die Instanz, die die Gesetzlichkeit ermittelt, die diese Einheit stiftet und diese Autonomie bestimmt: Hier ist der Punkt, wo *Philosophie im systematischen Sinne aktuell* wird.

Hier, an diesem Punkt, wird auch deutlich sichtbar, warum das *gültigere* Nachdenken über Kunst *systematisch-philosophischer* Natur ist und sein muss. Nicht dass jede andere Art des Nachdenken über Kunst nicht gültig ist: In dem Moment aber, wo es für sich *Allgemein-Gültigkeit* – und nicht bloß Zustimmung innerhalb eines bestimmen begrenzten Kreises von Menschen – beansprucht, bedarf es dann der *Rechtfertigung dieses Anspruchs*, und zwar dadurch, dass es sich auf die Instanz beruft, die nicht nur jede Gültigkeit überhaupt als solche bestimmt und begründet, sondern auch die Einheit und die Autonomie der Kunst im Besonderen und so mit ihren Wirklichkeitsbezug und ihre Unabhängigkeit bestimmt und dabei begründet.

In *dieser* Hinsicht ist das systematisch-philosophische Nachdenken über Kunst das gültigere: Es ist ein Denken, das in der Lage ist, das Problem, das die Kunst als etwas dem Denken *Vor-Gegebenes* darstellt, begrifflich zu erfassen, die Frage nach Ursprung, Wesen und Sinn der Kunst auf eine allgemeingültige Weise zu formulieren, und so ist es insgesamt in der Lage, den Problem-Charakter der Erscheinungen der Kunst aufzuheben, wie wir es, wenn auch nur grundsätzlicherweise, gezeigt haben.

II.4. Zur Einteilung der Künste

1. Im ersten Kapitel haben wir auf die logischen Möglichkeiten des Verhältnisses des Subjekts als Wirkliches zu der Wirklichkeit im Ganzen hingewiesen. In dieser Beziehung unterscheidet sich zwar

das Subjekt von dem „Rest der Welt", seine eigene Bestimmung als Wirkliches, d.h. die Bestimmung seines Wesens und die Bestimmung der Art seiner Verwirklichung werden dabei jedoch noch nicht offenbart.

Diese Bestimmungen können *nur* durch die Beziehung des Subjekts als Wirkliches *zu sich selbst* vollzogen werden. In dieser Rückbeziehung des Subjekts auf sich selbst wird die *Rationalisierung des Subjekts* vollzogen, und zwar in zwei verschiedene Richtungen: In beiden Richtungen geht es um die *Rationalisierung des Subjekts als Subjekt*. Das heißt, hier geht es um die *Objektivierung dessen, was das Subjekt als Subjekt ausmacht und ausdrückt*.

In der einen Richtung handelt es sich um die Beziehung von Subjekt zu Subjekt und um das Gebiet, das durch diese Beziehung konstituiert wird; gemeint ist das Gebiet der Sittlichkeit und das des Gemeinschaftslebens. In der zweiten Richtung handelt es sich um den *Ausdruck der Subjektivität als solcher und das Gebiet, das dadurch bestimmt wird*; gemeint ist das Gesamtgebiet der **Kunst**.

Die Erscheinungen der Kunst, also die Kunstwerke, haben wir folgendermaßen charakterisiert: *Im Kunstwerk als Produkt eines empirisch zufälligen Individuums offenbart sich dem betrachtenden Subjekt, das wiederum ein empirisch zufälliges Individuum ist, die* **Wahrheit** *in seiner Subjektivität und überhaupt die* **Wahrheit** *der Subjektivität*.

Damit erzeugt der Künstler eine *Beziehung des eigenen,* **persönlichen Subjektiven** *wie auch des* **persönlichen Subjektiven** *des Betrachters des Kunstwerks* zur **Wirklichkeitsordnung** *in ihrem weitesten Zusammenhang*.

Hier, in diesem großen Zusammenhang ist auch die *existentielle Bedeutung* der künstlerischen Darstellung sowohl für die schaffende Person als auch für die betrachtende Person begründet. Diese *existentielle Bedeutung* des Kunstwerks, d.h. **der Bezug des Werks**

zum Wesentlichen im Dasein des individuellen Menschen als sol-
*chem besteht **nur** in der Stellung des Kunstwerks in der **überge-***
schichtlichen, ja überzeitlichen Dimension der Wirklichkeitsord-
*nung insgesamt und somit der **Wahrheit überhaupt.***
In ihm selbst, im Tiefen seiner eigenen Persönlichkeit, und nicht in
*etwas außerhalb seiner selbst, erfasst der Künstler **etwas Ur-***
***sprüngliches**, das er geistig verarbeitet und dessen Entfaltung er*
insgesamt in der Darstellung in seinem künstlerischen Werk seine
Erfüllung findet.

2. Die entscheidende Frage in diesem Zusammenhang lautet: Gibt
es bestimmte *charakteristische Formen des Ausdrucks der Subjek-*
tivität als solcher?
Betrachten wir die *Tatsächlichkeit des Subjekts und seine Ausdrü-*
cke, so lässt sich der Bereich der künstlerischen Produkte grundsätzlich in vier Unterbereiche einteilen: *1.* Der Bereich der *mate-*
riell geformten eigenständigen Werke wie die Werke der sogenannten bildenden Künste, *2.* der Bereich der *verschiedenen Arten der*
Erzeugung von akustisch formulierten Einheiten, 3. der Bereich der
verschiedenen Arten der Erzeugung von sprachlichen Ausdruck-
formen und *4.* der Bereich der *verschiedenen Arten der sogenann-*
ten inszenierten Werke.
Die Ausdrucksformen der verschiedenen Bereiche können sich
natürlich überschneiden oder befinden sich zum Teil an der Grenze
zu anderen Ausdrucksformen und verbinden sich mit ihnen zu neu-
en Ausdrucksformen. *Ihre Eigenart* wird aber dadurch nicht ver-
letzt; im Gegenteil: *Sie wird eher betont.*
Die Eingrenzung des Bereichs der Kunst durch die oben genannten
Ausdrucksformen wird, wie gesagt, durch die Art der Beziehung
des Subjekts zu sich selbst bestimmt. Das heißt, die Einteilung der
Künste in die verschiedenen Unterbereiche ist somit *eindeutig und*

endgültig, eben weil *die Stellung des Subjekts im Gefüge des Wirk-lichkeitsganzen* in gleicher Weise, also eindeutig und endgültig bestimmt *ist*. Es gibt mit Sicherheit auch andere Ausdrucksformen eines Subjekts (Schreien, Lachen, Reden und dergleichen mehr), diese können aber *an sich nicht* als *künstlerische* Ausdrucksformen gelten.

Wenn wir sagen, dass *sich dem betrachtenden Subjekt (das ein em-pirisch zufälliges Individuum ist) im Kunstwerk (das ein Produkt eines ebenfalls empirisch zufälligen Individuums ist), die* **Wahrheit** *in seiner Subjektivität und überhaupt die* **Wahrheit** *der Subjektivi-tät offenbart*, so betonen wir nicht bloß den künstlerischen Aus-druck, sondern den **Wahrheit**sgehalt dieses Ausdrucks.

Von der systematischen Einleitung des Systems[40] wissen wir, dass die *Erkenntnis der Wirklichkeit die Rationalisierung derselben* be-deutet. Dementsprechend wird diese Erkenntnis **begrifflich-konzeptuell** dargestellt. *Insofern muss die Rationalisierung des Subjekts als solches* **begrifflich-konzeptuell** *vollzogen werden*.

Das ist auch der Maßstab, der uns ermöglicht, die verschiedenen Kunstbereiche nach dem Maß ihrer *begrifflich-konzeptuellen Aus-drücklichkeit* und insofern ihrer *Erkenntnismäßigkeit* zu ordnen.

Es ist klar, dass sich, wie gesagt, Zweige der verschiedenen Berei-che überschneiden oder sich zum Teil an der Grenze zu anderen Ausdrucksformen befinden und sich mit ihnen zu einer neuen Aus-drucksform verbinden. Das ändert jedoch nichts an der *Tatsache*, dass es sich um *eigenständige künstlerische Ausdrucksformen* han-delt.

In jedem dieser oben genannten Kunstzweige gibt es Werke von unterschiedlichem begrifflich-konzeptuellen Niveau. Insofern macht es wenig Sinn, die Künste in eine Rangordnung zu zwingen,

---

[40] Siehe dazu System I

obwohl man *ganz allgemein* die Künste zwischen zwei Enden einrahmen kann: Zwischen dem Klang als der sinnvoll formulierten musikalischen Einheit, die den ursprünglichsten und subjektiv stärksten Ausdruck darstellt, und zwischen dem künstlerisch möglichst höchsten begrifflich-konzeptuellen Niveau des Ausdrucks im Gedicht (Poesie).

In beiden oben genannten Kunstbereichen gilt es, gründliche Deutungsarbeit als Erkenntnisarbeit zu leisten. Der Unterschied zwischen beiden Bereichen kommt in dem Unterschied zwischen *Abstraktheit* (Poesie) und *Konkretheit* zum Ausdruck. Die *Konkretheit des Klangs* als einer sinnvoll formulierten musikalischen Einheit wird, trotz ihrer starken gefühlsmäßiger Wirkung, durch *begrifflich-konzeptuelle Unbestimmtheit* charakterisiert. Besonders sichtbar wird diese Tatsache in den Zweigen des Bereichs der Musik, bei denen das Wort hinzukommt wird.

Wir müssen in diesem Zusammenhang zwischen *begrifflich-konzeptueller Unbestimmtheit* und *begrifflich-konzeptueller Armut* unterscheiden. Das Wesen der begrifflich-konzeptuellen Armut können wir mittels des Bilds der Ziffer Null – 0 – beschreiben: Hier bewegen wir uns im Kreis, ohne dass wir einen Anhaltspunkt bestimmen können, der uns ermöglicht, den Kreis zu verlassen. Bedenken wir die Grundlagen des Systems, so heißt das *begrifflich-konzeptuelle Leere*.

Begrifflich-konzeptuelle Unbestimmtheit bedeutet *vielfältige begrifflich-konzeptuelle Deutungsmöglichkeiten*, ohne die Möglichkeit, wegen der stark subjektiven Wirkung, einen Anhaltspunkt zu finden, der es uns ermöglicht, unter ihnen eine *privilegierte* Deutung als Erkenntnis zu bestimmen.

3. Was die begrifflich-konzeptuelle Abstraktheit angeht, so haben wir in der Darlegung der Grundlagen des Systems betont, „dass die

einzelnen Bewusstseinsdaten nicht isoliert nebeneinander stehen oder einander folgen, sondern immer ein geordnetes („geformtes") Ganzes darstellen, sie stehen also immer in bestimmten Beziehungen zueinander, die das Denken bestimmen. Während wir uns jedoch der einzelnen Daten selbst bewusst sind, die in unserem Bewusstsein da sind oder gegeben sind, sind die *Beziehungen*, die diese Daten bestimmen, in unserem Bewusstsein *nicht* (unmittelbar) gegeben.

Diese Beziehungen bestimmen die Art und Weise, wie die einzelnen Daten aufeinander wirken, sie sind selbst jedoch nur „implizit" bewusst, d.h. sie werden selbst nicht unmittelbar wahrgenommen. *Diese Tatsache lässt einzelne Daten als letzte, nicht zusammengesetzte Einheiten erscheinen, was ihre „konkrete" Natur ausmacht, während die Beziehungen, welche die Natur dieser Daten bestimmen, nur als „Abstraktionen" von diesen Daten betrachtet werden.*

Diese Unterscheidung betrifft jedoch nur die *Oberfläche* der im Bewusstsein auftretenden Inhalte. Denn es ist nicht so, dass wir einzelne Bewusstseinsdaten „sehen", aber nicht die Beziehungen zwischen ihnen: *Die Einzeldaten selbst stellen ursprünglich schon Gefüge von Beziehungen dar*!

Wir haben schon einmal im Zusammenhang mit Humes Einstellung zur Wirklichkeit betont, dass, wenn wir etwas überhaupt als Einzelding oder als Eigenschaft oder Qualität definieren und identifizieren können, es sich dann *immer schon* um Gefüge von Beziehungen handelt, die diese Dinge, Eigenschaften oder Qualitäten bestimmen: Alles, was *ist*, stellt *von vornherein* ein Gefüge von Beziehungen dar.

All das, was wir einem einzelnen Datum oder Gegenstand (im allgemeinsten Sinn) zuschreiben, und das betrifft sowohl qualitative und quantitative Eigenschaften wie auch Identität, Einheit und Beständigkeit, *ist*, streng genommen, *nichts anderes als ein Gefüge* von *Beziehungen, die diese Faktoren zu dem bestimmen, was sie eben sind.*

In diesem Sinne sind auch die **elementarsten** *Daten unseres Bewusstseins immer schon, d.h. von vornherein, „Abstraktionen"*, denn sie stellen *immer schon ein Gefüge von Beziehungen* dar. Es ist zwar Tatsache, dass unsere unmittelbar bewussten Daten nicht als Gebilde auftreten, die aus elementaren Teilen zusammengesetzt sind, die wir jedes allein als „elementar" identifizieren können. Es ist aber *logisch unmöglich*, irgendetwas zu bestimmen, ohne es in Beziehungen zu setzen, sei es eine Farbe, eine Form, ein Gedanke, ein Ding oder was sonst auch immer.

Aus einem weiteren Grund sind eigentlich *alle einzelnen Daten „abstrakt"*: weil das, was uns unmittelbar bewusst ist, nicht alles zeigt und nicht alles zeigen kann, was zu seiner Identität als etwas Bestimmtem, also zu seinem Begriff, beiträgt. Aber auch diese wenigen eigentümlichen Merkmale, die zur Identität von etwas als einem konkret bestimmten Etwas beitragen, machen selbst nur einen Teil vom Gesamtumfang der eigentümlichen Merkmale aus, die dieses Etwas als solches bestimmen.

So z.B. zeigt uns das Bewusstseinsdatum, das wir als „Tisch" bestimmen, nicht unmittelbar alle eigentümlichen Merkmale, deren Beziehungen zueinander einen Tisch bestimmen. Uns sind immer nur wenige solcher Merkmale unmittelbar bewusst. Hier haben wir also eine *doppelte Abstraktion*: Wir identifizieren etwas als Tisch, obwohl uns nicht alle konstitutiven Faktoren eines Tisches gegeben sind; und zweitens haben wir die Fähigkeit, aus diesen wenigen Faktoren, deren wir uns bewusst sind, auf den Gesamtumfang der konstitutiven Faktoren zu schließen, die einen Tisch bestimmen, und haben damit die Möglichkeit, dieses Etwas doch zu bestimmen, nämlich als Tisch.

Man sieht also, dass *die Unterscheidung zwischen „abstrakt" und*

„konkret" nicht nur undeutlich ist, sondern, wenn man es streng nimmt, *jeder Grundlage entbehrt.*

Diese Unterscheidung ist Folge der *falschen* Auffassung, die besagt, dass uns das, was man als „Sinnesdaten" bezeichnet, Objekte der „Außenwelt" vermitteln, und dass diese Objekte durch eine Zusammensetzung dieser durch die Sinne vermittelten Daten konstituiert sind und sie so in ihrer Bedeutung und in ihrem Dasein „konkret" machen.

Einer der Ausdrücke der Beziehung zwischen dem Denken als Wirklichem, dem Bewusstsein und der Erfahrung besteht in der Tatsache, dass wir *nur* solche Einzelvorstellungen von der „Außenwelt" haben können, die wir *schon einmal erfahren haben.*

Das heißt, unsere Vorstellungen von der sogenannten Außenwelt sind nicht unsere „Schöpfungen", sondern Ausdruck unserer Erfahrung: Wir haben keine Möglichkeit, uns etwas von einer Außenwelt vorzustellen, die nicht die „unsrige" ist, sondern von uns erst „geschaffen" wurde. Mit anderen Worten: Wir können uns nur solcher Einzel-„Bilder" bewusst sein, die wir schon einmal „gesehen" haben.

Die Grundordnung der Vorstellungen ist vom Denken bestimmt. Die unterschiedliche *Zusammensetzung* der Vorstellungen kann beliebig sein, jedoch unter der Voraussetzung, dass nur die „Elemente" solcher Zusammensetzungen schon einmal bewusst waren. Nehmen wir als Beispiel das Einhorn: Die Vorstellung eines Einhorns ist eigentlich eine Zusammensetzung von einzelnen, uns schon bekannten Vorstellungen. Die Tatsache, dass es keiner gesehen hat, d.h. keiner es erfahren hat, spielt hier keine Rolle. Die Frage, ob es so etwas wie ein Einhorn wirklich gibt oder gab, ist *einzig und allein eine Erfahrungssache.*

Und das gilt allgemein: Alle fiktiven Gebilde und Gestalten, deren wir uns bewusst sind bzw. die wir bewusst als solche konstituieren können, sind im Grunde eine Zusammensetzung von Vorstellungen, die wir *schon* erfahren haben. Jede Mythologie kann als Beispiel dienen, aber ebenso gut jede Science-Fiction. *Der Wirklichkeitswert einer Vorstellung wird und kann auf gar keinen Fall im Bewusstsein selbst bestimmt werden.*

Wir können die Fregesche Unterscheidung zwischen Sinn und Bedeutung auf Vorstellungen im Allgemeinen übertragen und sagen, dass jede beliebige Zusammensetzung von Vorstellungen zwar Sinn hat, jedoch nicht unbedingt Bedeutung. Das heißt, wir verstehen, was mit oder in dieser Zusammensetzung inhaltlich gemeint ist, jedoch muss das nicht bedeuten, dass sie eine Parallele in der Erfahrung hat: Um Bedeutung zu haben, muss sie Sinn haben, aber nicht alles, was Sinn hat, hat auch Bedeutung.

Gefühle, eine weitere Art von Vorstellung, *sind das ausgezeichnete Merkmal der Individualität des Subjekts.* Sie bezeichnen die Art des In-Beziehung-*Stehens* des Subjekts, bestimmen aber seine Beziehung zu sich selbst und zu anderen Subjekten, sind also auch eine Art des In-Beziehung-*Setzens*, und zwar, eine Art, die wir *„Verhalten"* nennen. Liebe und Angst, Hass und Zorn, Hunger und Durst, Freude und Trauer und ähnliche Bestimmungen bezeichnen einmal die Beziehung des Subjekts zu seiner Umwelt im *passiven* Sinn, d.h. als leidend, und einmal seine Haltung zu dieser Umwelt, d.h. seine *aktive* Einstellung zu dieser Umwelt. Diese beiden Aspekte kommen im Begriff der **Situation** zum Ausdruck, und *die Gefühle sind eine Bezeichnung für die „menschliche Situation" des Subjekts.*

Gefühle und bestimmte Eigenschaften der Erfahrungsdaten werden dadurch gekennzeichnet, dass sie „erlebt" oder „empfunden" werden, d.h. von Erlebnis- oder Empfindungsbewusstsein begleitet oder mit ihm verbunden sind. Dieser Erlebnis- bzw. Empfindungscharakter der Gefühle und diese bestimmten Eigenschaften nennen wir *„Qualitäten"*.

Das Qualitative ist jedoch hier *nicht* im Sinne des Gegensatzes zum Quantitativen gemeint, sondern es bezeichnet die *Ausschließlichkeit des Zuganges* eines Subjekts zu seinen eigenen „Erlebnissen" bzw. „Empfindungen": In der Ordnung der Wirklichkeit lässt sich keine Stellung „wechseln".

Ausdruck dieser Tatsache ist das eigentümlich Subjektive und das Qualitative ist Ausdruck dafür, dass die Erfahrung eines Subjekts immer *seine Erfahrung* ist und ihm eigentümlich ist. Während *das Wirkliche in der Erfahrung allen Subjekten gemeinsam ist, ist die Erfahrung selbst immer die Erfahrung eines bestimmten Subjekts* (die Beziehung zwischen Denken überhaupt und dem Denken als Wirklichem).[41]

Hier muss jedoch betont werden, dass *das Qualitative*, obwohl es Zeichen des Subjektiven ist, *an sich* eine *gedanklich objektive Bestimmung* darstellt. Sonst könnte sich das Subjekt *weder* der Gefühle *noch* bestimmter Eigenschaften von Dingen *bewusst sein*. Das ermöglicht dem Subjekt, aber eventuell auch anderen (z.B. Psychologen) den Zugang zu seiner sogenannten inneren Welt, also zu sich selbst."

4. Genau diese Eigenschaft der Abstraktheit charakterisiert die *Dichtung*, und zwar in beiden Bedeutungen des Wortes: Als *das Verfahren des Dichtens im Sinne von in der Sprache Verdichten* und als *das Ergebnis dieses Verfahrens im Gedicht.*

Wenn die Dichtung etwas Bestimmtes aussagen will, so benutzt sie das Mittel der Abstraktion. Die Dichtung offenbart dabei die *Bedeutung* dessen, wovon sie spricht.

Bedeutung ist aber immer „abstrakt". Wenn wir überhaupt etwas denken können, wenn wir überhaupt irgendetwas als ein bestimmtes Etwas bestimmen und wahrnehmen können, wenn wir es über-

---

[41] Siehe dazu System I

haupt als „konkret" bezeichnen können, dann bedeutet das, dass wir uns von vornherein im Bereich des „Abstrakten" bewegen: *Es gibt nichts Abstrakteres als das Konkrete oder gar als das Konkreteste selbst*!

Diese eben gedeutete Identität zwischen „abstrakt" und „konkret" hat ihren Grund darin, dass *im Konkretesten, also im Bestimmtesten in unserer Erfahrung, wenn es als wirklich bestimmt ist, die gesamte Grundordnung der Wirklichkeit immer schon latent wirksam ist*: Weil diese Grundordnung in ihm *latent* enthalten und wirksam ist, erscheint es als „konkret".

In dem Moment jedoch, wo es *erkannt* wird, d.h. in dem Moment, wo das Wirkliche in unserer Erfahrung als etwas Konkretes bestimmt wird, erscheint es als „abstrakt".

Diese Bestimmung des Wirklichen in unserer Erfahrung vollzieht sich in der Sprache und kommt in ihr zum Ausdruck: Der Satz oder das Urteil drückt die deduktive Grundordnung des in der Erfahrung gegebenen Inhalts aus.

Diese Tatsache lässt den Eindruck entstehen, dass das Denken bloß „konzeptuell", d.h. „abstrakt" ist und dass es nur mit „abstrakten Konstruktionen" und mit „Klassifikationen" zu tun hat, was zu der entsprechenden Auffassung vom „Begriff" führt.

Als Beleg für die „Abstraktion" des „konzeptuellen" Denkens nennt man die Tatsache, dass das Denken auch für andere Zwecke als Erkenntnis angewandt werden kann. Dass das Denken als Instrument für andere Zwecke als Erkenntnis benutzt werden kann, wird hier gar nicht bestritten. Nur ist das kein Beweis für die „Abstraktheit" des Denkens, d.h. dafür, dass es „leer" ist. Das Denken zeigt *immer dieselbe* Grundordnung auf, eben die deduktive Grundordnung des Denkens überhaupt. Und was in ihm bzw. von ihm gedacht wird, ist, indem es in ihm bzw. von ihm gedacht wird, einerseits „konkret", andererseits aber „abstrakt". Das heißt, *als*

*etwas Bestimmtes ist es „konkret", jedoch gerade seine Bestimmt-
heit offenbart es als „abstrakt".*

5. Hier kommt auch die *systematische Bedeutung der* **Sprache** zum
Vorschein: ***Die Sprache vermittelt zwischen dem Denken als Glied
der Wirklichkeit und dem Denken, das als die einzige Instanz verstanden wird, die etwas als wirklich überhaupt bestimmen kann
und zwar durch eine begriffliche Bestimmung, welche die beiden
Aspekte des Denkens in sich vereinigt: das Besondere und das
Ganze, in dem es als sein Glied besteht.***

Die **Sprache** *vermittelt somit zwischen Erfahrung und Wirklichkeit
durch die* **begriffliche Bestimmung** *der Erfahrung eines bewussten
Gliedes der Wirklichkeit.*[42]

Das Sich-selbst-Betrachten aus zwei verschiedenen Perspektiven
ein und desselben Denkens, *etwas, das in der Sprache zum Ausdruck kommt,* kann im Grunde *nur dann* geschehen, *wenn* die Sprache *dieselbe* Struktur wie die der Wirklichkeit (= Denken überhaupt) einerseits und *dieselbe* Struktur wie das Denken als Glied
der Wirklichkeit andererseits aufweist.

Das heißt, die Bestimmung des Subjekts eines Satzes und die Beziehung eines Satzes zu anderen Sätzen geschieht oder muss in
derselben Weise geschehen, wie die Bestimmung eines Einzelglie-
des der Wirklichkeit und seiner Beziehung zu anderen Wirklich-
keitsgliedern, und weist *dieselbe Struktur wie diese* auf. Da diese
Vermittlung nur über *Bewusstsein* und *Erfahrung* geschehen kann,
müssen auch diese Faktoren **dieselbe** *Struktur* und **denselben** *realen
Umfang* aufweisen. *Dieser Umfang ist insofern ein realer Umfang,
als wir nicht etwas Wirkliches denken können, ohne uns dessen
bewusst zu sein und es sprachlich ausdrücken zu können.*

---

[42] Vgl. System I

Es ist überflüssig zu bemerken, dass dies für die umgekehrte Richtung *nicht* gilt: Nicht jede beliebige Zusammensetzung, sei sie sprachlicher oder bewusstseinsmäßiger bzw. erfahrungsmäßiger Natur, muss auch Wirklichkeit darstellen beziehungsweise wirkliche Gültigkeit besitzen. Diese Identität der Struktur, der inneren Gliederung und des realen Umfanges zwischen dem Denken als Einzelglied der Wirklichkeit, dem Bewusstsein, der Sprache, der Erfahrung und dem Denken überhaupt ist natürlich nicht zufällig, sondern durch die Struktur, die innere Gliederung und den Umfang des Denkens selbst in seinen zwei Aspekten bedingt und zwar, indem diese Faktoren diese beiden Aspekte, oder genauer gesagt, das Denken selbst widerspiegeln bzw. als ihre oder als sein konstituierendes Prinzip aufweisen.

Eins müssen wir hier betonen: *Autonom und souverän ist **nur** das Denken überhaupt.* Nur dieses kann als die gesetzliche Grundlage aller Wirklichkeit gelten. „Sprache", „Wirklichkeit", „Bewusstsein", „Subjekt" und „Erfahrung" lassen sich nur vom Denken her als solche bestimmen, und ihre Einheit muss im Denken bestimmt und festgelegt werden. *Keiner dieser Faktoren kann sich seine Einheit und seine Identität selbst verleihen.* Ihre Einheit und Identität werden und sind *ausschließlich* vom Denken bestimmt.

Ohne eine ursprüngliche Einheit vorauszusetzen, lassen sich diese Faktoren nicht einmal *denken*. Und da sie alle Denkbestimmungen sind, kommt das Denken überhaupt, d.h. das Denken, das alles Wirkliche als wirklich bestimmt und das als Ausgangspunkt zur Erkenntnis der Wirklichkeit gilt, in seinem Versuch, die Welt zu erkennen, nicht aus sich selbst heraus. *Der Inhalt der Erkenntnis ist **die** Wirklichkeit bzw. **die** Wahrheit.* Die Erfahrung wird in der *Erkenntnis* der Erfahrung in *Wirklichkeit* verwandelt, was heißt, dass die Erfahrung durch das Gesetz objektiviert wird, durch das sie erkannt wird, was aber auch heißt, dass das Objektive in der Erfahrung das Wirkliche in ihr ist.

Und das bedeutet wiederum, dass *in der Erkenntnis der Wirklichkeit die Subjektivität überwunden wird, und zwar dadurch, dass das erkennende Subjekt einen universellen Gesichtspunkt, d.h. eine rein logische bzw. epistemologische Betrachtungsposition eingenommen hat*. Damit wird der Kreis, der mit dem Denken anfängt, im *Denken selbst* geschlossen.

Die systematische Bedeutung von „Bewusstsein", „Sprache", „Erfahrung" und „Subjekt" besteht in ihrer **ursprünglichen und unvertauschbaren** *Funktion in der Bestimmung der Möglichkeit der Erkenntnis.*

In diesem Zusammenhang ist es wichtig einzusehen, dass die Beziehung zwischen „Denken" (in beiden Aspekten), „Bewusstsein", „Sprache", „Erfahrung" und „Subjekt" nach dem Prinzip *„alles oder nichts"* bestimmt ist: Das Fehlen des einen lässt die anderen schlagartig verschwinden. *Sie sind nicht einfach notwendige Momente einer Einheit, sondern* **jeder von ihnen trägt die gesamte** *Einheit.* Das ist auch der Grund, warum sie alle eine „Zaubereinheit" bilden, die in jedem von ihnen *immer schon wirksam* ist, und zwar in der Weise, dass mit der Aufhebung eines jeden von ihnen die ganze Einheit aufgehoben wird.

6. Möchten wir die verschiedenen hier dargelegten systematischen Aspekte in der Bestimmung des Wesens der Dichtung verbinden, so müssen wir den Zusammenhang zwischen Sprache, Abstraktheit und Wahrheit bedenken, der der Dichtung ihre Ausdrucksmöglichkeit verleiht.

Das Wesen der Kunst, zu der die Dichtung gehört und die auch dieses Wesen in besonderer Weise zum Ausdruck bringt, haben wir folgendermaßen charakterisiert: *Im Kunstwerk findet eine Verwand-*

lung statt, in der ein Individuum etwas Allgemeingültiges herstellt, und zwar dadurch, dass es selbst als Subjekt tätig ist.

Diese Verwandlung besteht darin, dass in der Persönlichkeit des Künstlers selbst, *gleich wodurch* veranlasst, *etwas Ursprüngliches* erfasst und geistig verarbeitet wird, dessen Entfaltung insgesamt in der Darstellung des *Wesentlichen der Subjektivität im Kunstwerk* ihre Erfüllung findet.

Im Kunstwerk als Produkt eines empirisch zufälligen Individuums offenbart sich dem betrachtenden Subjekt, das wiederum ein empirisch zufälliges ist, die Wahrheit in seiner Subjektivität und überhaupt die Wahrheit der Subjektivität.

Damit erzeugt der Künstler eine *Beziehung des eigenen **persönlichen Subjektiven** wie auch des **persönlichen Subjektiven** des Betrachters des Kunstwerks* zur **Wirklichkeitsordnung** *in ihrem weitesten Zusammenhang.*

Hier, in diesem großen Zusammenhang ist auch die *existentielle Bedeutung* der künstlerischen Darstellung sowohl für die schaffende Person als auch für die betrachtende Person begründet. Diese *existentielle Bedeutung* des Kunstwerks, d.h. ***der Bezug des Werks zum Wesentlichen im Dasein des individuellen Menschen als solchem***, *besteht **nur** in der Stellung des Kunstwerks in der **übergeschichtlichen, ja überzeitlichen** Dimension der Wirklichkeitsordnung insgesamt und somit der **Wahrheit überhaupt**.*

Die Tatsache, dass alle Fäden in diesem Punkt der eben dargestellten philosophisch-systematischen Grundbestimmung zusammenlaufen, macht uns auf *die starke, **unaufhebbare Spannung zwischen dem Subjektiven und dem Objektiven im Kunstwerk** aufmerksam. Ein Subjekt schafft ein *Werk* und ein anderes Subjekt verwirklicht es als **Kuns**twerk.

Dies nun auf die Dichtung angewandt, bedeutet, dass das konkrete Erleben und dabei das konkrete Erlebnis des Dichters, das an sich *höchst subjektiv* ist, sprachlich so ausgedrückt und inhaltlich so beschrieben wird, dass die *objektive Allgemeinheit* des Dargelegten, als das, was es ist, seiner *konkreten subjektiven Besonderheit* entspricht, als etwas, das durch den Dichter erlebt wird.

Die Eigentümlichkeit der Sprache ermöglicht dem Dichter den Ausdruck von etwas, das an sich, wegen seiner einzigartigen, individuellen, subjektiven Prägung unaussprechlich ist, auf eine Weise zur Sprache zu bringen, dass in seiner persönlichen Sprache als Dichtung Wahrheit so offenbart wird, dass sie vom Betrachter bzw. vom Leser persönlich konkret zugänglich ist.

In dem engen Zusammenhang zwischen dem Wesen der Sprache und dem Wesen der Wahrheit ist das Wesen der Dichtung verankert: Die Vermittlung zwischen der Erfahrung eines Subjekts und der Wirklichkeit in der Sprache, wie die Bestimmung der Wahrheit als inhaltlich mit der Wirklichkeit identisch, entsprechen dem Wesen der Dicht-Kunst als Offenbarung der Wahrheit in der Subjektivität und überhaupt der Wahrheit der Subjektivität.

Der herkömmliche Sprachgebrauch birgt den *Vorgang des Verdichtens* latent in sich, offenbart dies aber nicht explizit. Die Dicht-Kunst lebt jedoch von der offenbaren Verwirklichung dieser Ebene des Sprachgebrauchs. *Die oben besprochene Spannung zwischen dem Subjektiven und dem Objektiven im Kunstwerk wie auch das Konkret-Abstrakt-Verhältnis sind für die Dicht-Kunst von konstitutiver Bedeutung.*

7. Die für die Sprache wesentliche Vermittlung zwischen Erfahrung und Wirklichkeit kommt in der Dichtung, in der Offenbarung bzw. in der *Veranschaulichung von verborgenen Wesenszügen der Subjektivität im Allgemeinen und der persönlichen Subjektivität des Dichters und des Betrachter-Lesers im Besonderen* zum Ausdruck.

Die für den Menschen so wesentliche Auseinandersetzung zwischen dem Innen und dem Außen, zwischen Erfahrung und Wirklichkeit, zwischen Person und Welt bekommt in der Dicht-Kunst ihren angemessenen Ausdruck. *Die Dichtung ist die einzige Kunst, die in der Lage ist, in der Sprache das umfassende Gleichgewicht zwischen dem innersten wahren Wesen der Subjektivität bzw. der persönlichen Subjektivität und dem innersten Wesen der Wirklichkeit als Wahrheit aufzuzeigen. Die sinnbildliche Sprache der Dichtung ermöglicht uns somit, bis in die Tiefe des Menschlichen durchzudringen.* Darin unterscheidet sich die Dichtung von der Prosa.

Diese Erfüllung der Sprache, die ihrer Natur nach durch Allgemeinheit geprägt ist, mit Sinnbildlichkeit, die ihrer Natur nach subjektiv bzw. persönlich subjektiv ist, diese Verdichtung des Abstrakten durch das Konkrete und die Verdichtung des Konkreten durch das Abstrakte, darin besteht die Kunst der Dichtung.

Ein besseres Verständnis dieses Gedankens kann uns der Ausdruck "*poetische* Landschaft" vermitteln. Mit einer solchen Landschaft bezeichnen wir eine *idyllische* Landschaft. Dabei meinen wir gar nicht die Landschaft, sondern die *Art des Lebens*, das wir mit dieser Landschaft assoziieren. Es ist *keine Information über* die Landschaft, wie etwa "schöne Landschaft", "angsterregende Landschaft", "interessante Landschaft" und dergleichen mehr, also Ausdrücke, die die Landschaft selbst in den Augen des Betrachters in bestimmter Hinsicht charakterisieren und eventuell sein Verhalten in Bezug zu dieser Landschaft bestimmen: genießen, Schutzmaßnahmen ergreifen oder gegebenenfalls forschen.

Bei dem obengenannten Ausdruck handelt es sich eher um die Vorstellung einer Welt, die in der Regel als *heile Welt* bezeichnet wird, eine Welt, in der *harmonisches Miteinander* herrscht. *Hier geht es um einen Standard, der, indem er als allgemeingültig verstanden wird, nach Verinnerlichung und nach persönlicher Verwirklichung ruft.* Nehmen wir dies wahr, so werden wir dazu *gedrängt*, für uns die Frage zu klären, worin diese Welt besteht, jedoch nicht um uns über sie zu informieren und um sie zu wissen, sondern um diese Welt als *unsere* Welt zu verwirklichen. *Genau so verfährt die Dichtung mit ihrem Sprachwerk* und genau diese Wirkung erhofft sie zu erzielen. Dass wir dabei nicht den willkürlichen Gefühlsausbrüchen des Dichters ausgeliefert sind, davor schützt schon die Struktur der Sprache selbst.

Ich möchte meine Überlegungen mit den Worten Paul Valérys zusammenfassen, ohne jedoch mich dabei zu Valérys Gedanken und Absichten zu verpflichten: „Jedesmal, wenn die Sprache *eine gewisse Abweichung* von der direktesten, das heißt der *unsinnlichen* Ausdrucksweise des Denkens aufweist, jedesmal, wenn solche Abweichungen gewissermaßen eine Welt von Beziehungen ahnen lassen, die sich von der rein praktischen Welt unterscheidet, jedesmal begreifen wir dann mehr oder weniger deutlich die Möglichkeit, diesen Ausnahmebereich zu erweitern, und wir haben die Empfindung, ein Bruchstück eines edlen, lebendigen Grundstoffes zu erfassen, der vielleicht einer Entwicklung und Verfeinerung fähig wäre; entwickelt und zweckmäßig behandelt, bildet er die Substanz der Poesie, soweit sie auf künstlerischer Wirkung beruht. [...] Wenn der Dichter imstande wäre, Werke zu konstruieren, wo nichts mehr von allem, was Prosa ist, in Erscheinung träte, Gedichte, in denen die musikalische Kontinuität niemals unterbrochen wäre, in denen sogar die Verhältnisse der Bedeutungen fortwährend harmonischen Verhältnissen gleich wären, Gedichte, *in denen die Umwandlung eines Gedankens in einen anderen wichtiger erschiene als jeder einzelne Gedanke,* Gedichte, in denen das Spiel der Bilder die Wirklichkeit des Themas enthielte – dann könnte man von *reiner Poesie* sprechen wie von etwas, das es gibt. So ist es aber nicht: der praktische oder pragmatische Teil der Sprache, die Gewohnheiten und die logischen Formen und [...] die Unordnung und Irratio-

nalität, die man im Wortschatz vorfindet (wegen der unendlich ver-
schiedenartigen Wurzeln, der verschiedenen Zeitalter, in denen die
Elemente der Sprache eingeführt worden sind), machen die Existenz solcher Schöpfungen absoluter Poesie unmöglich; aber es ist
leicht zu begreifen, daß der Begriff eines solchen idealen oder ima-
ginären Zustandes für die Beurteilung jedes in der Erfahrung vor-
kommenden Gedichtes von höchstem Wert ist.

Die Konzeption einer reinen Poesie ist die eines unerreichbaren
Typus, eines idealen Grenzwertes der Wünsche, Bemühungen und
Fähigkeiten des Dichters..."[43]

II.5. Zur Bestimmung des Verhältnisses zwischen Kunst und Leben

1. „Leben" und „Kunst" lässt sich verschiedentlich miteinander in
Verbindung setzen – und dementsprechend wandelt sich auch die
Bedeutung ihres Zusammenhangs.

Wenn wir also das Leben wie die Kunst ernst nehmen und dabei
das Verhältnis von Kunst und Leben bestimmen wollen, dann müssen wir von allem absehen, was in diesem Verhältnis beliebig, willkürlich und irrelevant ist.

Das wird uns auch nicht schwerfallen, wenn wir bedenken, dass
Kunst keine beliebige, willkürlich bestimmte Tätigkeit ist, sondern
eine Tätigkeit, in der Künstler etwas *allgemein Gültiges* herstellt
bzw. herstellen will, das den *Menschen als solchen* angeht, und was
auf gar keine andere Weise zum Ausdruck gebracht werden kann.

Das ist der Grund, warum Kunst für uns so bedeutend ist. Das ist

---

[43] Paul Valery, Poesie pure, Notizen für einen Vortrag, in: Paul Valery, Zur
Theorie der Dichtung, Aufsätze und Vorträge, Frankfurt am Main
1962, S. 80, 88f.

der Grund, warum das Problem der Bestimmung des Verhältnisses zwischen *Leben und Kunst* – oder genauer zwischen *Kunst und Mensch* – eigentlich immer unabhängig von Ort und Zeit, *höchst aktuell* ist und immer höchst aktuell sein muss: **Kunst, im eigentlichen Sinne verstanden, ist ihrem Wesen nach durch das Verhältnis zum Menschen und zur Wirklichkeit bestimmt, und darin ist auch die konkrete erbauliche und gestaltende Wirkung der Kunst begründet**.

Die unmittelbare, natürliche Reaktion auf die etwas provokativ, eher nach der Art des Ungebildeten gestellten Frage „Wozu Kunst??!!"[44] deutet auch in diese Richtung: Man erwartet von der Kunst, dass sie etwas durchaus „Nützliches" ist. Man erwartet von ihr, dass sie uns irgendwie „positiv" beeinflusst, obwohl dabei auch die Ablehnung des Verlangens nach der Nutzanwendung der Kunst und ihre Bestimmung als Mittel im Dienste eines im Voraus bestimmten Zwecks geäußert wird: Das künstlerische Schaffen soll keine Tätigkeit darstellen, die auf Nutzen und Brauchbarkeit ausgerichtet ist.

Die Feststellung, die in dieser Reaktion auf die oben drastisch formulierte Frage enthalten ist, macht schon den ersten Schritt zur Beantwortung dieser Frage aus. Eine nähere Betrachtung der Sache wird uns zeigen, dass die *Relevanz der Kunst* für die *Bestimmung und Gestaltung des individuellen Menschseins* unentbehrlich ist. – „Unentbehrlich" aber *nicht* in dem Sinne, dass man ohne Kunst kein sinnvolles menschliches Leben gestalten und führen kann: „Unentbehrlich" deutet hier auf das hin, *was ohne Kunst (im allgemeinsten Sinne des Wortes) nicht erreicht werden kann oder gar verloren geht.*

---

[44] Vgl. dazu Kultur

2. Die Erscheinungen der Kunst sind für den Menschen unserer Zeit – zumindest in der abendländischen Welt – kein Luxus mehr: Noch nie waren Ausstellungen der bildenden Kunst, Theater, Tanz und Musikvorstellungen so besucht wie heute, noch nie war der Zugang zur Dichtung und Literatur so frei, einfach und billig wie heute. Und doch: trotz dieser unbeschränkten, breiten Teilnahme an Kunst erzeugt die Frage nach der Bedeutung der Kunst Verlegenheit und ein Gefühl des Unbehagens: *Worauf deutet die Kunst hin? Was soll überhaupt in der Betrachtung eines Kunstwerks verinnerlicht werden? Welche Wirkungen soll die Betrachtung eines Kunstwerks auf den Betrachter haben? Kann man überhaupt im Voraus eine solche Wirkung steuern?*

Wenn wir uns nun fragen, worin diese Verlegenheit und dieses Gefühl des Unbehagens begründet sind, so werden wir feststellen, dass die Kunst und ihre Erscheinungen zwar im Voraus als "wahr" bzw. als „bedeutend" hingenommen werden, der Grund dafür bleibt jedoch unklar: Schon die ästhetische Wirkung eines einzelnen Kunstwerks ist auf verschiedene Menschen ganz unterschiedlich, aber auch auf einen einzigen Menschen kann diese ästhetische Wirkung des gleichen Werks je nach Stimmung, Ort und Zeit verschieden sein.

Hinzu kommt die Tatsache, dass ziemlich schnell klar wird, dass der Kunst ursprünglich *keine **ästhetische*** Bedeutung zugesprochen werden kann: Kunst bringt eine tiefere Beziehung des Menschen zu sich selbst und zur Wirklichkeit zum Ausdruck als die sogenannten ästhetischen Geschmacksurteile und die Begriffe der üblichen ästhetischen Werturteile, mit denen der durchschnittliche Mensch seine Eindrücke von Kunst äußert, überhaupt zum Ausdruck bringen kann.

Diese angesprochene Verlegenheit und dieses angesprochene Gefühl des Unbehagens, die mit der Frage nach der Bedeutung der

Kunst offenbar verbunden sind und durch sie erzeugt werden, *drängen zum Nachdenken über die Kunst*: Die Frage nach der *Bedeutung der Kunst* drängt mit anderen Worten zu der Frage nach dem *Wesen der Kunst*.

Und wenn nach der Bedeutung der Kunst gefragt wird, wird auch nach der *Wirkung der Kunst* oder, was letztlich dasselbe ist, nach dem Verhältnis zwischen Kunst und Leben gefragt. Verbunden mit der Frage nach dem Wesen der Kunst drängt sich also die Frage nach *dem Wesen der der Kunst entsprechenden Wirkung* auf.

3. Die Frage nach der Bedeutung der Kunst und ihren Erscheinungen weist auf die Tatsache hin, dass die Deutung der Kunst, zunächst völlig unabhängig von der Frage nach ihrer Wirkung, den *außerkünstlerischen Zusammenhang* benötigt, und zwar in zweierlei Hinsichten: Erstens, die Kunst als Eigenbereich muss zunächst mit alldem in Zusammenhang gebracht werden, was nicht Kunst ist, um überhaupt als der Eigenbereich der Kunst bestimmt zu werden. Dazu müssen auch alle einzelnen Erscheinungen der Kunst von allen anderen nicht künstlerischen Erscheinungen unterschieden werden. Das heißt, die *Kunstmäßigkeit* dieser Erscheinungen muss bestimmt werden.

Und zweitens, da diese Unterscheidung der Kunst als Ganzes von anderen Bereichen wie auch die Unterscheidung der einzelnen Kunstwerke, also der Erscheinungen der Kunst von anderen Erscheinungen, *gesetzmäßig* ist, muss diese Gesetzmäßigkeit *in einer allen Bereichen und allen Erscheinungen* **gemeinsamen Gesetzlichkeit** *verankert* werden, die sie bestimmt.

Mit anderen Worten: *Die Gesetzmäßigkeiten aller Bereiche und aller Erscheinungen müssen in einer* **Gesetzlichkeit** *verankert werden, die ihnen* **allen gemeinsam** *ist und sie* **als verschieden** *bestimmt.*

Oder noch anders formuliert: Zunächst muss die *Kunstmäßigkeit* der Erscheinungen der Kunst und die *Einheit der Kunst* als Eigenbereich bestimmt werden.

Die Kunst und ihre Erscheinungen müssen also in einen noch weiteren Zusammenhang als der Erfahrungszusammenhang gesetzt werden, der die Gesetzmäßigkeit(en) dieses Erfahrungszusammenhangs als Ganzes bestimmt. Erst dann wird es überhaupt einen Sinn haben, nach der *dem Wesen der Kunst entsprechenden Wirkung* zu fragen.

Denn *die Wirkung der Kunst bedeutet doch nichts anderes, als sie in Beziehung zu etwas zu setzen, das nicht sie selbst ist und was in der Lage ist, die Kunsterscheinungen zu betrachten* (und nicht bloß zu „sehen" oder zu „hören"). *Diese Wirkung muss jedoch auch diesem Etwas – sprich dem Menschen – seinem Wesen nach entsprechen.*

Mit anderen Worten heißt das, dass *die Möglichkeit der Wirkung der Kunst* **von vorneherein** *eine* **Entsprechung des Wesens der Kunst mit dem Wesen des Menschen** *(des Betrachters) voraussetzt.* Hier, **in dieser gesetzmäßig bestimmten Entsprechung, gründet die existentielle und darum auch verpflichtende Bedeutung der Kunst für den Menschen.**

4. Vor dem Hintergrund des Gesamtzusammenhangs der Wirklichkeit besteht das Wesen der Kunst darin, dass sie eine Öffnung zum Wesentliche des menschlichen Individuums als solchem verschafft: *Im Kunstwerk offenbart sich dem Betrachter* **die Wahrheit in der Subjektivität und überhaupt die Wahrheit der Subjektivität.**

Damit wird *die Beziehung des persönlich Subjektiven des Betrachters zur Wirklichkeitsordnung in ihrem weitesten Zusammenhang* hergestellt. Und wenn wir bedenken, dass die menschliche Existenz als solche *nur vor dem Hintergrund der Wirklichkeit im Ganzen* verstanden und verwirklicht werden kann, dass nur in dieser Verbindung persönliche individuelle Existenz überhaupt Bedeutung haben kann, – wenn wir das bedenken, dann wird uns unmittelbar auch die **existentielle** *Bedeutung der Kunst* und ihrer Erscheinungen, also der Kunstwerke klar: *Kunst stellt für uns die einzige Weise dar, die diese Verbindung zwischen Gesamtwirklichkeit und dem Wesentlichen im Dasein des individuellen Menschen als solchem am Horizont des Bewusstsein vergegenwärtigen lässt, was die Kunst so befähigt, Einfluss auf das bewusste Leben des Individuums nehmen.*

Das alles verpflichtet die Kunst zur großen Verantwortung dem Menschen gegenüber: Es ist die Verpflichtung des Künstlers, seine Arbeit nicht zu missbrauchen und nicht missbrauchen zu lassen, und es ist die Verpflichtung des Betrachters zur menschlichen Verantwortung sich selbst und anderen gegenüber.

Was die Kunst betrifft, ist diese Verpflichtung *keinesfalls* als eine von *aktiver Bedeutung* zu verstehen: Sie ist nicht eine im Sinne einer bewusst gestellten Aufgabe zu verstehen. Im Gegenteil: *Diese Verpflichtung der Kunst dem Menschen gegenüber besteht gerade darin, dass sie ihre **Eigenart und Autonomie** als Kunst unbedingt bewahren muss.*

So darf sich die Kunst auf gar keinen Fall nach dem *„Geschmack" der potentiellen Betrachter* richten, denn dann reduziert sie ihn zum *bloßen Konsumenten* von Kunst und die Kunst selbst ist dann nicht mehr als ein *Unterhaltungsmittel.*

Die Kunst darf sich auf gar keinen Fall nach einer *Ideologie* oder nach dem *Diktat* (im Unterschied zu Wünsch) *eines Auftragsgebers* richten, denn dann reduziert sie sich selbst *zum bloßen Mittel im Dienste anderer Instanzen oder zu deren „Funktion"*, wobei *vom Betrachter als **eigenständigen** Wesen hier ganz abgesehen* wird.

Die Kunst darf aber auch auf gar keinen Fall *beabsichtigen, etwas zu formulieren und mitzuteilen*, was auch *anders als mit künstlerischen Mitteln* formuliert und mitgeteilt werden kann. Sie soll nicht versuchen, *Inhalte, die auch ohne ihre Mittel formuliert und mitgeteilt werden können, zu „versinnlichen" oder zu „verbildlichen"*, und sie soll schon *gar nicht versuchen, mit ihren Mitteln zu „philosophieren" oder zu „politisieren"*.

Mit anderen Worten: Entweder sagt die Kunst etwas aus, *was ihr allein eigentümlich* ist, oder alles, was man durch sie und in ihr aussagen will, *zunächst in das Ausdrucksmittel der Kunst „übersetzt" werden muss, um dadurch „künstlerisch" zu werden und so als Kunst zu „gelten"*.

In diesem Fall aber wird, genauso wie in den anderen oben genannten Fällen, von der Kunst *nicht viel übrigbleiben*: Was bleibt, ist *bloß das „künstlerische"* **Mittel**, wobei das „Künstlerische" dabei *mit Kunst im eigentlichen Sinne nichts zu tun hat*, sondern nur etwas als „künstlerisch" *erscheinen lässt*, was *seinem Wesen nach* gar nicht künstlerisch bzw. gar nicht Kunst ist.

5. Ich möchte in diesem Zusammenhang kurz zwei Auffassungen von der Kunst bzw. Einstellungen zur Kunst erörtern, die diese Forderung zur Bewahrung der Eigenart und der Autonomie der Kunst nicht erfüllen oder gar nicht erfüllen können, weil sie *Kunst und Leben* so miteinander verbinden wollen, dass die Trennungslinie zwischen beiden als *aufgehoben gelten muss*.

Die erste dieser Auffassungen bzw. Einstellungen stellt eine bestimmte Variante des Gedankens des sogenannten *Gesamtkunstwerks* dar.

Die Trennungslinie zwischen Kunst und Leben soll in dieser Art des Kunstwerks dadurch aufgehoben werden, dass die Einheit von Dichtung, Musik, Tanz und bildenden Kunst in einem *übergeordneten Kunstwerk* zusammengefasst werden, wobei dieses „Werk" *nicht als Objekt* betrachtet werden soll, sondern als *Ausdruck der Verschmelzung von Kunst und Leben.*

Diese Rede von der Aufhebung der Grenzen zwischen Kunst und Leben hat nur dann Sinn, *wenn das Kunstwerk nicht von seiner Umgebung als eine besondere, durch* **spezifische Gesetzmäßigkeit** *bestimmte Erscheinung abgesondert werden kann.*

Wo es jedoch kein Werk gibt, das auf irgendeine Weise abgesondert von anderen Erscheinungen wahrgenommen werden kann, kann es auch keine Wirkung geben, die *dem Wesen dieses „Werks" entsprechen* soll.

Genau *die umgekehrte Richtung ist aber die richtige*: Die Wirkung der Kunst auf das Leben kann nur im Sinne der *Aktualisierung und Verwirklichung* des Verhältnisses zwischen den *spezifischen, besonderen Erscheinungen der verschiedenen Kunst-Gattungen* und dem *Leben* (gleich, was das eigentlich konkret heißen soll) verstanden werden.

Das heißt also, dieses oben genannte Verhältnis zwischen Kunst und Wirklichkeit kann *nur durch die Hervorhebung der* **Besonderheit der unterschiedlichen Kunstwerke** *erzeugt werden, die, jedes von ihnen gattungsmäßig auf seine Weise, ein bestimmtes Produkt des Menschen darstellt, das seinem Wesen nach einem bestimmten Bereich der Wirklichkeit* **erkenntnismäßig** *entspricht.*

Die Eigenartigkeit des Wesens der Kunst und die Eigenartigkeit ihrer Wirkung bestimmen die Kunst als einzigartig. Diese Einzigartigkeit besteht zwar in der erkenntnismäßigen Entsprechung zwischen Kunst und zwischen dem Menschen, hebt aber die Trennungslinie zwischen Kunst und Leben nicht auf, sondern eher betont sie.

Abgesehen davon ist diese Auffassung sehr gefährlich, denn sie beansprucht letztlich für die Kunst, eben durch die Aufhebung der Grenzen zwischen Kunst und Leben eine gesellschaftliche Umfassung, die ihrer Natur nach **totalitär** *ist.*

Eine andere Variante, Kunst und Leben miteinander so zu verbinden und dadurch die Trennungslinien zwischen den beiden aufzuheben stellt die *Theoretisierung der Kunst* dar, eine Tendenz, die besonders in der Nachkriegskunst bis zur Kunst der Gegenwart sehr deutlich und in zunehmenden Maße auftritt.

Diese Theoretisierung der Kunst besteht darin, dass das Kunstwerk als eine Art *Lösung eines im Voraus bewusst gedachten und gestellten Problems* dargestellt wird. Dieser Vorgang bringt aber nicht die Kunst in das Leben und das Leben in die Kunst, sondern bewirkt genau das Gegenteil: Das Dreieck Künstler – Werk – Betrachter wird dadurch aufgelöst. Der Kunst wird dabei etwas aufgezwungen, das ihr fremd ist, und in das Leben wird dabei etwas eingeführt, das ihm fremd ist.

Was hier geschieht, ist der Versuch, einen Vorgang bewusst beherrschen, der aber seinem Wesen nach un-bewusst, ja *irrational* vollzogen wird: *Kunst ist nicht Produkt bewusster denkerischer Tätigkeit*. Damit ist *natürlich nicht gemeint*, dass der Künstler in seinem Schaffensprozess nicht denkt. *Im künstlerischen Schaffen vollzieht sich jedoch eine Bestimmung, die sich dem Willen, den Absichten und den Zielen des Künstlers entzieht: **Der Künstler kann nicht im Voraus die erkenntnismäßige Bedeutung seines fertigen Schaffens bestimmen**.*

Mit anderen Worten: Das künstlerische Schaffen kann nicht im Voraus bestimmt und geleitet werden. Die Genialität des Künstlers besteht doch gerade darin, dass er ohne bewusste Anwendung a priori geltenden Regeln ein gegebenes Rohmaterial – Farbe, Klang, Wort, Körperbewegung und dergleichen – so gestalten kann, dass daraus ein Kunstwerk entsteht. Darin und nicht etwa in seinen „guten", „originellen" „Ideen" besteht letztlich die Genialität des Künstlers.

Ignoriert ein Künstler diese Tatsache, so wird er zum Opfer seiner eigenen Einstellung. Denn diese *Theoretisierung der Kunst* bedeutet, dass *der Künstler selbst zu einem Teil seines Kunstwerks wird!* Und in der letzten Konsequenz dieser Theoretisierung wird das Kunstwerk selbst eigentlich *überflüssig*, denn seine *Aussagekraft* sinkt dabei *auf null*.

Das Kunstwerk von der oben genannten Art wirkt hier auf *genau die umgekehrte* Weise als *geplant*: Das so konzipierte Kunstwerk **zwingt**, *an seiner Gegenständlichkeit und an dessen Gefüge der Farben, Klänge, Linien Worte, Körperbewegung und dergleichen mehr zu beharren.*

Und je mehr der Betrachter sich darauf konzentriert, desto rätselhafter wird das Kunstwerk für ihn. Und je rätselhafter das Kunstwerk wird, desto weniger ist es dazu fähig, uns zum Nachdenken zu drängen. Man soll in diesem Zusammenhang *„denken" nicht mit „rätseln" verwechseln*, denn im Gegensatz zum Denken führt das Rätseln *nicht* über das bloß empirisch Gegebenen hinaus.

6. Wir haben von der *Verpflichtung der Kunst dem Menschen gegenüber* gesprochen, die in der *Bewahrung ihrer Eigenart und Autonomie* besteht. Diese Bewahrung von Eigenart und Autonomie *kann jedoch nicht*, wie beiden Beispiele deutlich gemacht haben, *im aktiven Einsatz der Kunst im und für das „Leben" bestehen.*

Für das **betrachtende** *Individuum* aber ist die *verpflichtende Bedeutung* der Kunst, die aus ihrer *existentiellen Bedeutung* folgt, doch *aktiver Natur*: Da es bei der Betrachtung der Kunstwerke (Erscheinungen der Kunst) um *Selbsterkenntnis und Selbstbestimmung – und letztlich um Selbstverwirklichung* geht, *kann das Individuum es sich gar nicht erlauben, die Kunstwerke sozusagen zu genießen und bei dessen „Erleben" stehen zu bleiben.*

Hier geht es gar nicht darum, etwas zu „erleben" und zu „genießen", es geht nicht um die Wirkung auf Gemüt, Gefühl und Geschmack, sondern hier geht es um *Arbeit*, um **harte Arbeit**. Denn es geht hier darum, *an der* **Wirklichkeit** *Teil zu nehmen, also darum, **Wahrheit** über den Menschen zu erkennen, die nirgends als in der Kunst zu finden ist Wahrheit, die darüber hinaus **persönliche existentielle Bedeutung** hat.*

Darin liegt die Kraft der Kunst: *Mit der Wahrheit, die sie offenbart, drängt und treibt sie zur Selbstverwirklichung des einzelnen Menschen, d.h. zur Verwirklichung seines eigentlichen Wesens als Mensch im Allgemeinen und als Individuum im Besonderen.*

Daher ist das Verhältnis des Menschen zur Kunst und zu ihren Erscheinungen *immer höchst aktuell*, also niemals ein Verhältnis zu etwas, das bloß registriert, erlebt und genossen wird – gleich mit welchem Prädikat und mit welcher Begeisterung dies geschieht. *Wahre, echte Kunst ist also alles anderes als Unterhaltung oder vornehmr Zeitvertreib.*

7. Das Verhältnis zwischen Kunst und Leben, oder genauer gesagt, zwischen Kunst und dem Menschen, wird also durch die *Kunstmäßigkeit* der Erscheinungen der Kunst von *voneherein* bestimmt.

Zusammen mit der Tatsache, dass dem Wesen der Kunst nur eine bestimmte Art von Wirkung auf dem Kunstbetrachter entspricht, bedeutet das insgesamt, dass *das Kunstwerk*, indem es *kunstmäßig* auf den Betrachter wirkt, *von ihm in seiner Betrachtung **verwirklicht** wird, wobei das „Verwirklichen des Kunstwerks" in diesem Zusammenhang nichts anderes als die Erfassung des Wirklichkeitsbezugs des Kunstwerks ist und somit die Erfassung der existentiellen Bedeutung des Kunstwerks für den Betrachter.*

Hier wird also *dieselbe* Gesetzmäßigkeit wirksam, die das künstlerische Schaffen leitet: *In dieser Hinsicht **muss die Authentizität des Schaffens des Kunstwerks durch die Authentizität der Aufnahme bzw. Betrachtung des Werks ergänzt werden**.*

Erst dann gilt das Kunstwerk als **wirklich** und **erst dann** kann **seine Wirkung kunstmäßig vollzogen** werden.

Diese Ergänzung und diese Entsprechung der Authentizität des Kunst-Schaffens und der Kunst-Aufnahme in der Verwirklichung des Kunstwerks bedeutet, dass **bei der Betrachtung des Kunstwerks jeder allein steht!** Hier, wo es um die Wirkung der Kunst geht, können uns die Kunsterfahrungen und die Ergebnisse der Kunstbetrachtungen anderer, wenn überhaupt, nur sehr bedingt helfen: **Hier steht jeder allein mit sich selbst vor sich selbst und bedenkt sich selbst!**

Die Verwirklichung des Kunstwerks und als Folge die damit verbundene Forderung nach der *Selbstverwirklichung* ist ein Prozess, den *jeder für sich* machen kann und machen muss.

Alles, was die Umstände der Entstehung des Kunstwerks betrifft, also die ganz bestimmte persönliche Situation und die ganz bestimmte Persönlichkeit des Künstlers, der ganz bestimmte Zeitgeist und die ganz bestimmte Zeittendenzen, die auf das Schaffen mitwirkende Umwelt und dergleichen mehr, all diese Informationen können uns gegebenenfalls **bis zum** Kunstwerk *führen.*

Das Ein- und Durchdringen in das Werk, *das wahre Erfassen eines Kunstwerks*, d.h. die Deutung des Kunstwerks an sich (seine Verwirklichung), *dazu werden uns diese Informationen und die Erfahrungen und Betrachtungen von anderen nicht führen* – genauso wie die Tatsache, dass Informationen und Erfahrungen von anderen Menschen allein nicht zur Selbsterkenntnis führen können und deshalb auch allein nicht ausreichen, um den Vorgang der Selbstverwirklichung wirklich in Geng zu setzten.

Daher ist das *Beharren auf dem bloß Ästhetischen*, sowie der Versuch, die eigene Lebensweise danach auszurichten, nicht bloß einseitig, sondern als *Zeichen einer Blindheit* zu verstehen.

Zu verstehen, was Kunst eigentlich bedeuten kann und in der *Ver-*

wirklichung des Kunstwerks auch tatsächlich bedeutet, das *setzt eine harte Arbeit voraus* und *ist* auch selbst eine *sehr harte Arbeit*, zu der oft, – allzu oft selbst verschuldet – nur (relativ) wenige Menschen (wirklich) bereit sind.

Und diese Arbeit ist hart, weil letztlich **nicht das Kunstwerk** das *Objekt der Betrachtung ist, sondern* **der Betrachter selbst.**

Das Subjekt der Betrachtung ist also das Ziel seiner Betrachtung: **Die unvoreingenommene Begegnung mit sich selbst ist ein voraussetzungsreicher, durch Reife und Ernst bedingter Vorgang.** Das gilt im Allgemeinen, aber für die Aufnahme von Kunst im Besonderen.

Eine Regel, die uns ermöglichen würde, an Kunst „unpersönlich" und insofern „unbelastet" teilzuhaben, eine solche Regel gibt es nicht und kann es auch nicht geben. Wesentlich für die Kunst, für das Kunstschaffen wie für die Kunstbetrachtung ist die *persönliche* Verbindung mit dem *Wirklichkeitsganzen*, was wiederum die *Verbindung mit sich selbst bedeutet.*

Was die Wirkung des Kunstwerks betrifft, bedeutet dessen Regellosigkeit, dass *diese Wirkung des Werks*, wie sie sich *erfahrungsmäßig* vollzieht, *nicht mit den Wirkungsmöglichkeiten identisch ist, die in ihm latent verborgen sind*, und es ist auch fraglich, ob diese empirisch bestimmten und festgestellten Wirkungen *jemals diese Wirkungsmöglichkeiten decken* werden.

Eine dem Wesen der Kunst entsprechende Wirkung ist aber *auf jeden Fall* ein Vorgang, in dem *die flüchtige, zufällige Individualität des Betrachters aufgehoben* wird, **ein Vorgang, der bewusst macht, dass Leben in Selbstverwirklichung die Lebensform ist, die dem Wesen des Menschen entspricht.**

Hier *und nicht anderswo* **besteht der Wert der Kunst und ihre Werke**!

Zusammenfassend können wir also sagen, dass das Verhältnis von

Kunst und Leben letztlich *von der Aufmerksamkeit und dem Grad der aktiven Rolle des **Kunstbetrachters*** abhängt. Denn das Verstehen von Kunst stellt keinen einfachen Vorgang dar. Im Gegenteil: *Dieser Vorgang stellt einen Zusammenhang dar, in dem verschiedene Faktoren auf mannigfaltige und komplizierte Weise miteinander verbunden sind.*

Diese Tatsache wird einerseits durch das Wesen der Kunst bedingt, sie wird aber andererseits dadurch bedingt, dass der Zugang zur Kunst immer ein *sehr persönlicher* Zugang ist, der nicht bloß in einer „Interpretation" bzw. „wissenschaftliche Interpretation" bestehen kann, denn diese ihrem Wesen nach neutral sind.

Was die *Wichtigkeit* dessen betrifft, was durch diesen *persönlichen* Zugang *erkannt und dabei angeeignet* wird, diese Wichtigkeit scheint doch die treibende Kraft hinter der Anziehung von Kunst für die Menschen zu sein: Die breite, unbeschränkte Teilnahme an Kunst in unserer Zeit, sei es echte oder nur vermeintliche Kunst, auch wenn diese Teilnahme oft, allzu oft nur oberflächlich ist und in Verlegenheit einmündet, *auch dann* trägt sie *das Zeichen einer inneren Teilnahme* und *kann nicht bloß mit Begriffen wie „Entspannung" und „Unterhaltung" erklärt* werden.

Auch die „Masse", die sich durch Kunst (gleich welcher Art) angezogen fühlt, auch *sie spürt schon, dass **hinter dem äußerlichen Erscheinungsbild** der einzelnen Kunstwerke etwas schlummert, das für sie wichtig ist* – auch wenn sie diese Tatsache kaum so formulieren kann und nicht in der Lage ist, zu sagen, was dieses „Etwas" eigentlich ist oder sein sollte und warum es für sie wichtig sein sollte.

II.6 Exkursion: Kunst, Wahrheit und Freiheit

1. Das oben dargestellte Kunstverständnis betont die *Autonomie* der Kunst. Diese Autonomie ist darin begründet, dass die vielfältigen Arten der Kunstwerke einen einheitlichen, eigentümlichen Wirklichkeits-Bereich darstellen. Die Erkenntnis dieses Wirklichkeitsbereichs offenbart das Wesen und die Eigentümlichkeit der Kunst: Das, was die Kunst darstellt, das, was der Kunst wesentlich ist, lässt sich auf keinen anderen Wirklichkeitsbereich reduzieren.

Dabei haben wir klar und eindeutig den Unterschied zwischen den philosophischen, erkenntnis-theoretisch bestimmten Kunstverständnis und zwischen dem institutionell bestimmten Kunstverständnis dargelegt.

Die Bezeichnungen „Kunst" bzw. „Kunstwerk" sind keine technische, beliebig bestimmte Etiketten. Kunst drückt eine *für den Menschen lebenswichtige Wahrheit* aus; und Wahrheit ist der erkenntnis-theoretische Ausdruck des Wirklichkeitsbezugs – in unserem Fall der Kunst und deren vielfältigen Werke. Diese Wahrheit bestimmt die *Autonomie* der Kunst.

Diese durch Wahrheit bestimmte Autonomie der Kunst bestimmt die *Authentizität der Kunstwerke.* Die Wahrheit, die das Kunstwerk offenbart, Wahrheit, die dem Künstler selbst, der das Werk schafft, verborgen ist, wird vom *Betrachter* des Werkes wahrgenommen. Das, was er im Kunstwerk wahrnimmt, drängt ihn zur persönlichen Auseinandersetzung mit dem Werk und so mit sich selbst und lässt ihn aus dem Werk die Wahrheit entnehmen, die er als eine für ihn als Person existentiell wichtige erkennt.

Es ist keine im Voraus verkündete Wahrheit, die der Künstler bewusst und mit voller Absicht in seinem Werk manifestiert und die der Betrachter des Werkes im Werk wiedererkennen soll.

Erst die Betrachtung des Werkes, also die entstehende Bezie-

hung zwischen Werk und Betrachter ermöglicht die Wahrnehmung dieser ihn persönlich ansprechenden Wahrheit.

2. „Wer sich mit zeitgenössischer Kunst befasst", schreibt Wolfgang Ulrich[45], „hat nicht mehr nur mit Gemälden, Fotografien, Installationen und Performances zu tun. Vielmehr können wir mittlerweile genauso Möbel, Make-up, Protestkundgebungen oder Handtaschen Spielarten von Kunst sein. Es ließe sich sogar sagen, dass Kunst heute dann besonders geschätzt wird, wenn sie zugleich etwas anderes ist. Die großen Gegensätze der Klassischen Moderne haben hingegen an Bedeutung verloren: Zwischen freier und angewandter Kunst, zwischen […] Kunstwerken und Konsumprodukten wird kaum noch getrennt.

Auch Sneakers können Kunst sein und dennoch genauso als Mode verkauft werden. Sie haben dann den Charakter von Skulpturen und erfüllen zugleich die alltäglichen Voraussetzungen funktionaler Laufschuhe. Oder sie sind zusätzlich zu ihrem Status als exklusive Sammelstücke, mit einem politischen Statement verbunden. Oder sie sind Konzeptkunst und ebenso ein klimaneutrales High-Tech-Produkt. Sie genügen also jeweils den Kriterien mehrere Bereiche. Zugespitzt formuliert: Nur weil sie nicht bloß Kunst sind, sind sie überhaupt Kunst".

Interessant in diesem Zusammenhang ist zu bemerken, dass die Bezeichnung „Künstler" nun immer mehr durch die Bezeichnung „Kultur-Schaffende" ersetzt wird, an sich ein Symptom der *geistigen Verlegenheit* unserer Zeit.

---

[45] Wolfgang Ulrich, Die Kunst nach dem Ende ihrer Autonomie, Berlin 2022, S. 9

3. Das oben dargelegte (institutionelle) Kunst-Verständnis wie auch das entsprechende Kultur-Verständnis müssen uns nicht in Unruhe versetzen: Echte Kunst war immer autonom, und ist und wird immer autonom bleiben – genauso wie die Wahrheit, die sie in ihren Werken offenbart.

Was uns aber zur Vorsicht stimmen soll, ist die Art des Kunst-Verständnisses in seiner *absichtsvollen moralischen, politischen und gesellschaftlichen Prägung*. Dass Künstler, wie jeder mündige Mensch, sich moralischen, politischen und gesellschaftlichen Zielen und Interessen widmen, das ist die Konstitution und für die Erhaltung einer menschen-würdigen Gesellschaftsordnung entscheidend wichtig.

Wenn aber „hinter dem Anspruch auf Kunstfreiheit verschanzender politischer Atavismus"[46] mit Hilfe von künstlerischen Mitteln seine diskriminierende, rassistische und/oder antisemitische Botschaft verkünden will, das soll uns beunruhigen!

Der Anspruch auf Wahrnehmung von moralischen, von politischen und von gesellschaftlichen Angelegenheiten ist an sich unproblematisch und sehr legitim. **Sehr problematisch und gar nicht legitim sind diskriminierende wie auch rassistisch und antisemitisch geprägte Werk, die ganz offen und unverhüllt mit dem Anspruch auf Darstellung von künstlerischer Wahrheit eben solche Ideen und Vorstellungen zur Schau stellen.[47]**

Dabei sind drei Aspekte besonders problematisch: das Kunst-, das Wahrheits- und das Freiheits-Verständnis.

Es geht um eine im Voraus formulierte politische oder gesellschaftliche Überzeugung, die mit Hilfe von künstlerischen Mitteln dekoriert ist. **Diese Dekoration, als Kunstwerk verstanden, soll uns**

---

[46] Eugen El, Kunst der Freiheit, in: Jüdische Allgemeine (zitiert: JAZ), 77. Jahrgang, Nr. 23, 9. Juni 2022, S. 1

[47] Vgl. die „documenta fifteen" als exemplarisch für dieses Phänomen

ermöglichen, die besagte Botschaft wahrzunehmen und zu verinnerlichen. Der Rahmen der institutionellen Kunst soll die Botschaft dieser vermeintlichen Kunst überzeugend legitimieren und so für Verbreitung sorgen.

Das Problem besteht nicht bloß in dem besonderen „künstlerischen Blick" auf Ideen, Überzeugungen und Geschehnissen – und somit in dem Anspruch auf die Darstellung von künstlerischer Wahrheit, sondern das Problem besteht in der Ausnutzung der institutionellen Anerkennung als Legitimationsraum für die durch die Mittel der Kunst geschaffene Darstellung politischer oder gesellschaftlicher Verständnis-Arten. Dann lässt sich auf eine legitime Weise auf das hohe Gut der Kunst-Freiheit bestehen.

Die Differenz zwischen der Kunstfreiheit und der gängigen Meinungsfreiheit macht die *eigentümliche Wahrheit* aus, die die Kunstwerke offenbaren und deshalb einen besonderen Schutz für sich in Anspruch nehmen dürfen.

Wir haben die „documenta fifteen" als exemplarisch bezüglich dieser Problematik nicht zufällig erwähnt. Philipp Peyman Engel notiert[48]: „Was unterscheidet die documenta in Kassel von antisemitischen Karikaturwettbewerb in Teheran, den die iranischen Mullahs regelmäßig ausrichten? Die bittere Antwort: offenkündig nicht viel. Eine polemische Übertreibung? Mitnichten.

In der ohnehin schon endlos scheinenden Reihe an Antisemitismus-Skandalen kommt nun ein weiterer hinzu: Nach Erkenntnissen der Recherche- und Informationsstelle Antisemitismus Hessen (RIAS) werden auf der documenta erneut übelste judenfeindliche Darstellungen gezeigt. Diesmal im Fridericianum, in dem ein Raum dem Kampf algerischer Frauen um Emanzipation gewidmet ist. Dort wird eine faksimilierte Broschüre in „Stürmer"-Manier samt Ha-

---

[48] JAZ, 77. Jahrgang, Nr. 30, 28. Juli 2022, S. 1

kennase bis hin zu Vergewaltigungsfantasien sämtliche Facetten des Antisemitismus finden".

Und weiter: „Die documenta fifteen war angetreten war angetreten, um dem „Globalen Süden" endlich eine Stimme zu geben. Doch von dieser Weltkunstschau werden bloß Werke in Erinnerung bleiben, die eindeutig judenfeindlich sind. Wenn das die viel gepriesene Perspektive des Globalen Südens ist, dann möge man uns damit bitte verschonen".[49]

4. Wenn **entmenschlichende und noch dazu dämonisierende Karikaturen** als Kunstwerke verstanden werden können, wenn die institutionelle Kunst, wie im Fall Kunstinstitution „documenta", dieser Art des Kunstverständnisses die Präsentation und damit die Legitimation ermöglicht, dann müssen sich *echte Künstler* fragen, ob sie etwas Gemeinsames mit solchen *„Wahrheit"-verkündenden-Polit-Dekorateuren* haben – und ob die Institution, die diesen Dekorateuren eine legitimierende Bühne zur Verfügung stellt, ihre sein kann.

Der Sinn der documenta besteht doch darin, dass sie als Schaufenster für künstlerisches Schaffen dienen will. Das Kunstverständnis der Institution „documenta" geht uns nichts an. Auch geht uns nicht an, wenn sie für Gruppen, die von Anfang an auf Kulturkampf orientiert sind, eine Bühne zur Verfügung stellt. Es muss uns jedoch *unbedingt angehen*, wenn diese Institution **Hass erzeugenden Arbeiten einen legitimierenden Rahmen verschafft und zur Verfügung stellt!**

Das hohe Gut der künstlerisch offenbarten Wahrheit, in der das Wesen der Kunst besteht, bedeutet eine *doppelseitige Verpflichtung zur Authentizität und zur Autonomie der Kunst – des* **Künst-**

---

[49] JAZ, 77, Jahrgang 30, 28. Juli 2022, S. 1

lers *sich selbst gegenüber und auf der anderen Seite des Kunstwerkes dem* **Kunstbetrachter** *gegenüber*.

Angesichts einer solchen Art des Selbst-Entfremdung der Kunst müssen sich Künstler um jeden Preis davor hüten, ihre besondere künstlerische Wirklichkeits-Betrachtungs-Fähigkeit zu Gunsten der Darstellung einer im Voraus persönlich bestimmten „Tatsächlichkeit" aufzugeben.

Insofern bedeutet **die Reduzierung der Kunst auf die Ebene der künstlerisch dekorierten politischen und/oder gesellschaftlichen Aussagen, die Selbstaufgabe des Künstlers und ein Verrat an dem Kunstbetrachter!**

III. Zwischen Selbst-Deutung und Selbst-Erkenntnis – Zwischen Existenzphilosophie und erkenntnistheoretisch bestimmte systematische Philosophie

Die bisherige Darlegung möchte ich mit der Klärung des Grundes abschließen, warum für die Selbst-Erkenntnis und für die Selbst-Bestimmung des Menschen – im Unterschied zur Selbst-Deutung – nicht, was zunächst sachmäßig erscheint, die existenzphilosophische Orientierung, sondern die erkenntnis-theoretische systematische Orientierung die angemessene und die gültige ist.

1. In unseren bisherigen Erörterungen haben wir uns mit dem Verhältnis zwischen Denken, Wirklichkeit und deren Struktur wie auch der Erkenntnis der Wirklichkeit im Allgemeinen befasst. Dabei haben wir gezeigt, dass sich die erkenntnismäßige Struktur der Wirklichkeit auf ein Gewebe von logischen Beziehungen reduzieren lässt. Alles, was für die *Erkenntnis* der Wirklichkeit relevant ist, lässt sich *ausnahmslos* auf die immanenten logischen Gesetze des reinen Denkens zurückführen: *Das Denken ist die einzig mögliche, ja die einzig denkbare Instanz, die den Erkenntniszusammenhang herstellen und begründen kann.*

Als objektiv und insofern wirklich kann also nur das gelten, was durch das Denken begründet ist, d.h., was von den Gesetzmäßigkeiten des Denkens konstituiert und gesetzt ist. *Die Wahrheit dieser Gesetzmäßigkeiten* beruht weder auf der Empfindung noch auf einer sonstigen Gegebenheit, sondern *auf dem Denken **an und für sich***. Die *wirkliche Gültigkeit des Denkens* ist von der Erfahrung und deren empirischen Daten unabhängig, weil erst das Denken die letzteren konstituiert und ermöglicht.

Insgesamt ging es in der bisherigen Erörterung und Darlegung darum zu zeigen, dass *erstens* die *Welt rational* (intelligibel) ist und daher überhaupt erkennbar; oder noch radikaler – im Sinne von „bis auf die Wurzel gehend" – ausgedrückt: *Die Welt ist rational, und daher können wir uns dieser überhaupt bewusst sein und Subjekte, also Personen darstellen, daher aber auch lässt sich überhaupt eine sinnvolle Aussage über Sachverhalte und Vorgänge machen.*

Zweitens ging es bis zu diesem Punkt darum zu zeigen, dass *die Philosophie ein System der Erkenntnis der Wirklichkeit* darstellt: Der Einheit der Welt entspricht die Einheit eines allumfassenden Erkenntnissystems. Dieses System ist Philosophie bzw. ein philosophisches System, eine umfassende Erkenntnistheorie bzw. Epistemologie.

Aber – und damit sind wir beim Thema – einem System, das sich gänzlich auf das Denken gründet und die Eigentümlichkeit und Selbstgenügsamkeit des Denkens betont, wird *oft vorgeworfen, dass es nichts mehr als leerer Formalismus oder im besten Fall nichts mehr als abstrakter, wirklichkeits- und lebensfremder Rationalismus ist und im Prinzip auch nicht mehr sein kann.*

Mit diesem Vorwurf ist gemeint, dass es in der Wirklichkeit einen Bereich gibt, nämlich *die Sphäre der menschlichen Existenz*, die *den Kategorien des Denkens grundsätzlich unzugänglich ist, d.h., durch diese Kategorien nicht erfasst werden kann.*

Die Erscheinungen dieses Bereiches könnten nur, so lautet der Einwand, aus und durch sich selbst verstanden („gelebt") werden, keinesfalls aber vom Standpunkt einer „nüchternen, distanzierten Betrachtung aus.

Die prinzipielle Auseinandersetzung mit der Existenzphilosophie will die Grundlosigkeit dieses Einwandes zeigen. Diese Auseinandersetzung ist jedoch *keine* zwischen dem hier vertretenen logischen Idealismus und zwischen einer bestimmten Existenzphilosophie bzw. zwischen den verschiedenen Existenzphilosophien, sondern zwischen ihm und *der* Existenzphilosophie, *sofern* sich der

Begriff „Existenzphilosophie" als Dachbegriff auf *jede bestimmte* Existenzphilosophie beziehen lässt.

2. Der Zeit nach entstand die Existenzphilosophie im 19. Jahrhundert mit dem Philosophieren Kierkegaards und erreichte ihren Höhepunkt gegen Mitte des 20. Jahrhunderts mit den Philosophien von Heidegger, Jaspers und Sartre.

Die Existenzphilosophien haben eine entscheidende Rolle in der Gestaltung des geistigen Lebens unserer Zeit gespielt, und zwar was das Selbst-Verständnis des Menschen betrifft, aber auch in der Entwicklung des Gedankens der „besseren Gesellschaft", was immer darunter zu verstehen ist. Heute ist die Existenzphilosophie als „Existenzialismus" zu einer „Gesellschaftkritik" degradiert, die in allen Gebieten des Lebens, besonders des Geisteslebens und im konkreten Gesellschaftsleben zu vollziehen ist.

Sachlich gesehen stellen die verschiedenen Existenzphilosophien *keinesfalls* verschiedene Phasen in einer gradlinigen Entwicklung eines Gedankens oder verschiedene Versuche dar, einen gemeinsamen Grundgedanken systematisch zu entwickeln.

Im Gegenteil: Die Existenzphilosophen behaupten und versuchen, direkt oder indirekt, zu zeigen, dass das Entwerfen eines Gesamtsystems der Philosophie, das für sich allgemeine Gültigkeit beansprucht und insofern als Ausdruck einer absoluten, letzten Wahrheit zu betrachten ist, im Grunde ein unmögliches Unterfangen darstellt.

Was die Bezeichnung der verschiedenen Existenzphilosophien durch einen gemeinsamen Namen rechtfertigt, ist nicht ein gemeinsamer Inhalt, sondern ein gemeinsamer *Ausgangspunkt* und eine gemeinsame *Einstellung* oder zumindest ein *identischer Aspekte* in ihren verschiedenen Einstellungen.

„[Existenzphilosophie] ist dem Namen nach diejenige Auslegung des Seienden im Ganzen, welche die *menschliche Existenz* zum

Anfangsgrund für das Verstehen von *Sein* erhebt. Der *Existierende* nämlich hat vor allem, was bloß vorhanden ist – den Gewächsen der Natur, den ‚Gemächten‘ der Technik, den Werken der Kunst, den Zahlen und Figuren des Mathematischen – einen *eindringlichen Vorrang*. Es geht ihm in *seinem* Sein um *sein* Sein; denn durch die Weise seines Existierens kann der Mensch sich selbst gewinnen oder – vielleicht auf ewig verlieren.“[50]

3. Wenn wir nun versuchen, in allgemeinen Worten die Eigentümlichkeit der Existenzphilosophie zu charakterisieren, so scheint mir die folgende Charakterisierung am treffendsten: „Existenzphilosophie ist der seit Kierkegaard angebahnte Weg ‚subjektiver Denker‘, der die Erhellung *eigentlichen Existierens* mit einer Erörterung des *unvordenklichen* Seins verbindet. Dieser Denkweg kommt aus der Not eines Zeitalters her, in welchem die Reflexionsphilosophie des spekulativen Idealismus und der Wissenschaftsglaube des Positivismus *das Existieren vergessen* haben. Seitdem bestehen Ernst und Interesse einer unzeitgemäßen Betrachtung darin, im Bedenken der Existenz- und Seinsvergessenheit den Grundfragen nachzugehen: Was ist das Sein des Daseins, dem es in seinem Existieren um sein Sein geht? Wie gehören Echtheit und Entfremdung der Menschenwelt mit der Entfremdung und Verbergung der Wahrheit zusammen? Wie braucht der Mensch das Sein und das Sein den Menschen? *An diesen Klippen strandet ein interesseloses Kategoriensystem, welches das Seiende als Vorhandenes im Ganzen durchgliedert. Die Existenzphilosophie dringt auf Bescheide über Angst und Tod, Existenz und Sein, Gott und Nichts, welche die ‚spezifische‘, fundamentale Wirklichkeit des Menschen betreffen.* “[51]

---

[50] Franz Rosenzweig, Das Büchlein vom gesunden und kranken Menschenverstand, Königstein / Ts., 1984, S. 28 – 33
[51] Wolfgang Janke, Existenzphilosophie, Berlin 1982, S. 11; von mir hervorgehoben; zitiert: Janke

Dieses „Das-Existieren-Vergessen" der Philosophie oder bestimmter philosophischer Strömungen ist keinesfalls Folge von Nachlässigkeit oder von Unachtsamkeit der Philosophie, sondern soll als direkte Folge der philosophischen Fragestellung verstanden werden.

Im Grunde ist, wenn man den existenzphilosophischen Einwand konsequent denkt, nicht nur der Mensch, sondern es sind auch die Welt und Gott, als philosophische Grundthemen, betroffen: Auch sie, und nicht nur der Mensch, werden missachtet, bleiben unberücksichtigt zu Gunsten eines „Denkgebildes".

4. Dass dieses Problem nicht mit einer bestimmten Philosophie bzw. mit einer bestimmten philosophischen Strömung verbunden ist, und dass dieses Problem ein permanentes Problem und nicht bloß ein Problem der Philosophien der Vergangenheit ist, darauf hat Franz Rosenzweig, der nach der „üblichen Zählung" nicht in der Liste der Existenzphilosophen vorkommt, in seinem „Büchlein vom gesunden und kranken Menschenverstand" in einer sehr plastischen und drastischen Weise aufmerksam gemacht.

Ohne nun behaupten zu wollen, dass die Existenzphilosophen Rosenzweigs Worte akzeptieren würden oder akzeptieren müssten, und ohne jede Verpflichtung meinerseits zu Rosenzweigs philosophischer Anschauung und Terminologie, sondern bloß der Wichtigkeit des Themas wegen, möchte ich das erste Kapitel dieses Büchleins unter dem Titel „Der Anfall" in voller Länge wiedergeben. Schließlich behauptet ja der hier vertretene logische Idealismus nicht bloß, dass solche Vorwürfe nicht berechtigt sind, sondern dass sie *gar nicht richtig sein können*.

Der Anfall

„Der gesunde Menschenverstand steht in Verruf bei den Philosophen. Er soll wohl dazu genügen, ein Viertelpfund Käse einzukaufen, einen Heiratsantrag zu machen, allenfalls sogar festzustellen, ob ein Angeklagter gestohlen hat – aber die Antwort auf die Frage, was der Käse, die Frau, das Verbrechen „eigentlich" sei, diese Antwort dürfte man von ihm nicht erwarten, hier habe der Philosoph einzutreten – „und beweist euch, es müsst' so sein". Dem gesunden Menschenverstand lägen solche Fragen zu hoch. Es seien „höchste" Fragen, „letzte" Fragen. Es sei das gute Recht der Philosophie, dem gemeinen Menschenverstand unverständlich zu sein. Es sei sogar ihre Pflicht. Wozu wäre sie denn da, wenn der gesunde Menschenverstand schon selber die Antwort auf jene Fragen wüsste? Stelle er sie denn überhaupt? Sei es nicht erst die Philosophie, die staunend stille steht, gerade da, wo der gesunde Menschenverstand gedankenlos vorüberläuft. Und selbst wenn sie sonst nicht vor ihm voraushabe, dies Staunen allein schon gebe ihr den Vorrang, den sie beansprucht. Der gesunde Menschenverstand staune nicht.

Mag sein. Obwohl – woher weiß denn der Philosoph vom Staunen? Woher kommt ihm auch bloß das Wort? Staunt nicht auch die unphilosophische Hälfte der Menschheit? Staunt nicht das Kind, der Wilde? hundertfach, vielleicht öfter als der Philosoph? Aber freilich, das Staunen der andern hört einmal auf; es wird verschlungen von dem Lauf des Lebens, hineingeschlungen in den Fortgang der Tage. Es verschwindet so natürlich, wie es aufgetaucht ist. Das Kind staunt über den Erwachsenen. Aber die Frage, die in diesem Staunen liegt, beantwortet sich von selber, indem eines Tages das Kind selber erwachsen ist. Das Weib erschrickt vor dem Mann, der Mann beugt sich vor dem Weib. Aber ihr Staunen über einander findet seine Lösung und Auflösung in der Liebe, die ihnen geschieht. Nun sind sie sich selber wechselseitig kein Wunder mehr, denn das Wunder umschließt sie beide. Das Lebendige erstarrt vor dem Tod. Aber eines Tages stirbt es selber. Sein Staunen hat sich gelöst. Das Leben selber hat die Lösung gebracht. So staunt der Mensch. Er steht wohl stille – Staunen heißt: Stillstehen. Aber er bleibt nicht stehen. Der Fluß des Lebens nimmt ihn selbst mitsamt seinem Staunen auf den Rücken und trägt ihn weiter. Er braucht nur zu warten, nur weiterzuleben, so wird sich ihm die Starrheit seines Staunens lösen. Anders das Staunen des Philosophen.

Der Philosoph kann es nicht erwarten. Sein Staunen ist kein anderes als das Staunen des gemeinen Menschen. Aber nun lässt ers nicht zu der Lösung der Starrheit kommen, die das Leben bringen wird. Sie dauert ihm zu lange. Er will die Lösung heute, am Tag, wo ihm die Erstarrung geschehen ist, und will sie hier, am Ort, wo er steht. Er bleibt bei seinem Stillstand stehen. Er schaltet diesen seinen Stillstand, dies Ereignis seines Staunens aus dem weiterfließenden Fluß seines Lebens aus. Er denkt nach. Und da er den natürlichen Löser aller Stauungen, alles Aufgestauten, den Fortfluß des Lebens seitab geleitet hat, da er, statt weiter zu denken – was man nur kann, wenn man weiter lebt – anfängt „nach" zu denken. So bleibt ihm nun nichts anderes übrig als – an der Stelle wo er steht – sich einzubohren in das „Problem", in den aus dem Fluß des Lebens herausgekommenen „Vorwurf" und „Gegenstand" des Denkens. Das staunende Stillstehen verewigt sich ihm in seinem ebenfalls stillstehenden Spiegelbild: dem „Gegenstand". Er hat ihn festgebannt, zum Stehen und Stillehalten gezwungen. Weil er selber sich darauf versteift hat, bei seinem Staunen stehen zu bleiben. So hat er nun auch an der Stelle, wo sonst der Fluß des Lebens flösse, das Standbild des Gegenstands. In ihn also bohrt er sich nun ein. Er fragt: Was ist? Und jede Antwort ist ihm recht, die ihm nur diese Frage stehen läßt. Denn ohne diese Frage, ohne den Stillstand dieser Frage verschwünde ihm sein künstlich aus der fließenden Flut des Lebens herausgehobener Gegenstand. Er fragt: Was ist? Aber nun rächt sich an ihm die Willkür dieser Frage, der Eigensinn des Nichtlebenwollens, weil Nichtwartenkönnens. Er erhält nur eine und immer wieder die gleiche Antwort. Denn da er nicht in die Länge des Lebens fragen mag, weil er sich keine Zeit nimmt, der Antwort zu warten, so muss er an Ort und Stelle fragen, und an Ort und Stelle muss ihm die Antwort kommen. Die Antwort geht nun, da ihr in die Länge zu gehen keine Zeit gelassen wird, in die Tiefe; und aus der Tiefe, aus dem, was unter dem Gegenstand steht, muss ihr die Antwort kommen. Was aber unter dem Gegenstand steht, ist die Substanz. Nach ihr, nach „Wesen", dem „eigentlichen" Sein des Gegenstands, fragt der Philosoph. Die Antwort auf diese Frage braucht er nicht erst zu erwarten. Sie liegt sofort bereit. Sie ist so unabhängig von der Zeit und ihrem Abfluß, wie der Gegenstand durch seine künstliche Herauslösung und Stillestellung, unabhängig von diesem Fluß geworden ist. Der künstlichen Zeitlosigkeit der „Was-ist"-Frage antwortet die gegenüber solcher Frage nun nicht mehr widernatürliche und doch an sich nur auf dem Grunde jener widernatürlichen Frage mögliche Antwort: „Das Wesen".

Der substantielle Unterstand der vielen Gegenstände kann notgedrungen nur einer sein. Denn eben was unterscheidet die Erlebnisse, wenn nicht ihre Folge im Ablauf des Lebens. Woran anders wird uns zu Gemüte geführt, daß unsre Tat unsre Tat ist, als daran, daß wir sie als Folge unsres vergangenen Lebens und unser künftiges Leben als ihre Folge erfahren. Was unterschiede sonst unsre Tat von derselben Tat, die ein anderer von uns träumte. Nur im Ablauf des Lebens erhält jedes Ding seine eigne Art. Hebt es heraus, steckt es auf den Nadelspieß der entzeitlichenden Frage Was-ist-das, so sinkt es schleunigst durch die Zwischenstufe seines Allgemeinbegriffs hinunter in das eine allgemeinste Grau des Dinges überhaupt. Die Substanz wird eine, die eine. Sie ist das „eigentliche" Wesen der Dinge. Der im stehenbleibenden Staunen herausgerissenen Eigenheit des Gegenstands entspricht die Eigentlichkeit des Wesens. „Was ist eigentlich?", fragt die Frage; das „eigentliche" Wesen, antwortet die Antwort.

„Eigentlich" – so nämlich fragt und so antwortet kein anderer Mensch als der Philosoph. Im Leben gilt diese Frage so wenig, wie dort die Frage vorkommt. Auch der Philosoph wird sie im Ernstfall nicht stellen. Er wird nicht fragen, was das Viertelpfund Käse „eigentlich" kostet. Er wird seine Erkorene nicht fragen, ob sie „eigentlich" seine Frau werden möchte. Er wird nicht bejahen oder verneinen, dass der Angeklagte „eigentlich" gestohlen habe. Nicht „eigentlich", sondern „wirklich" ist das Wort des Lebens. Aber der Philosoph spricht: eigentlich. Indem er seinem Staunen nachgibt, stehen bleibt, und das Wirkliche sich weiter ohne ihn auswirken läßt, wird er zurückgeworfen und beschränkt auf das Eigentliche. Hier, und nicht erst später, trennen sich seine Wege von den Wegen des gesunden Menschenverstands. Der gesunde Menschenverstand vertraut dem Wirklichen und seinem Wirken. Der Philosoph zieht sich mißtrauisch vor dem fortwirkenden Wirklichen in den geschützten Zauberkreis seines Staunens zurück und versenkt sich in die Tiefe des Eigentlichen. Hier kann ihn nichts mehr aufstören. Er ist sicher. Was schiert ihn noch das „Uneigentliche". Und alles Wirkliche ist ja uneigentlich. Was schiert ihn, solange er sich im Zauberkreis seines einmal entstandenen Staunens zu halten vermag, noch das Ereignis. Es mag in dem magischen Kreis sich hineinfügen; mitbestaunt zu werden, so viel allenfalls wird ihm verstattet. Aber daß es den Bann sprenge, die Starrheit des Staunens löse, den aufgestauten Strom wieder zum Fließen bringe, und die im Unterstand des eigentlich verhockten Lebensgeister zum Sturm hin über das Gelände der Wirklichkeit aufwecke, das wird ihm nicht zugelassen. Und nun wäre das weiter kein Unglück, wenn es eine bloße

Philosophenangelegenheit wäre. Wie wenig Philosophen gibt es! selbst wenn man die ganzen Professoren und Privatdozenten des „Fachs" dazu rechnet. Aber das Vertrackte ist, daß jeder Mensch über Nacht ins Philosophieren geraten kann. Es gibt keinen Gesunden, der vor der Krankheit gefeit wäre. Und im Augenblick, wo sie ihn befällt, im Augenblick, wo der bisher gesunde Menschenverstand meint, philosophieren zu müssen, da gibt es plötzlich keinen größeren „Eigentlich"-Frager als ihn. Da philosophiert er trotz aller sieben Weisen. Da überphilosopht er noch den Philosophen. Da gibt es keinen, der sich selber weniger vertraut, als er selber. Da ist der gesunde Menschenverstand mit einem Male vom Schlage gerührt."[52]

Die Krankheit, um die es in diesem Büchlein geht, nennt Rosenzweig „Apoplexia philosophica" („Philosophische Lähmung"). Der Philosoph, wenn er die Frage nach dem „Eigentlichen" stellt, leidet dabei unter Störung seiner normalen Funktionen. Diese Krankheit ist nicht nur dem Idealismus eigentümlich; alle „Ismen" sind in der gleichen Weise betroffen, also krank, denn sie nehmen die Wirklichkeit nicht so, wie sie ist, sondern setzen an ihre Stelle irgendeine Abstraktion, ein beliebig bestimmtes „Wesen", wie etwa „Idee" oder „Materie".

Diese Krankheit tritt dann besonders hervor, wenn der Philosoph „letzte Fragen" zu stellen beginnt, Fragen, die nach Rosenzweig die drei Grundelemente unserer Existenz, nämlich Gott, Mensch und Welt zum Gegenstand haben.

Diese „letzten" Fragen lähmen den gesunden Menschenverstand, denn es geht nach Rosenzweig nicht darum, *was* Gott, Mensch und Welt „eigentlich" sind, sondern es geht eher darum, diese Faktoren einfach zu akzeptieren.

---

[52] Franz Rosenzweig, Das Büchlein vom gesunden und kranken Menschenverstand, Königstein / Ts., 1984, S. 28 – 33

Die Therapie des Philosophen wird daher darin bestehen, ihn dazu zu bringen, Gott, Mensch und Welt so zu sehen, wie sie sind, d.h. frei von irgendwelchen abstrakten, bloß begriffsmäßigen Bestimmungen oder Theorien über Gott, Mensch und Welt. Der Mensch darf natürlich die Wahrheit über sich selbst, über Gott und über die Welt suchen; vielleicht besteht darin überhaupt seine Würde. *Nur, und das ist der Fazit, darf er es nicht auf Kosten der Wahrheit selbst tun.*

5. Tut es nun der hier vertretene logische Idealismus, wenn er *erstens* im Denken den einzig möglichen und den einzig gültigen Ausgangspunkt zur Suche nach der Wahrheit über Gott, Mensch und Welt sieht, wenn er *zweitens* Philosophie nur im Sinne eines geschlossenen Systems als legitim versteht, und wenn er *schließlich* behauptet, alle Probleme der Philosophie seien Erkenntnisprobleme und alle Gebiete der Philosophie seien Erkenntnisgebiete oder mit anderen Worten, wenn er behauptet, Philosophie sei nichts anderes als Epistemologie bzw. umfassende Erkenntnistheorie?

Die Antwort auf diese Frage ist im Grunde in der Darlegung des Systems I enthalten. In diesem engen Zusammenhang der grundsätzlichen Auseinandersetzung mit der Existenzphilosophie wird es uns hauptsächlich darum gehen, zu zeigen, dass **die menschliche Existenz oder die Grundtatsachen menschlicher Existenz** *erkenntnismäßig* **gar nicht ursprünglich sind oder sein können***: Sie setzt bzw. sie setzen* **notwendigerweise** *einen* **Begriff von Bewusstsein** *und einen* **Begriff von Wahrheit** *voraus, die diese überhaupt ermöglichen, d.h. die ihnen* **ihren Sinn als Grundtatsachen der menschlichen Existenz überhaupt verleihen**.

Der logische Idealismus betrachtet das Denken, seine Gesetzlichkeit und seine Gültigkeit *erstens* als die *einzige mögliche Grundlage* für das Verständnis der Welt und des Menschen und *zweitens* sieht er im Denken die *einzige mögliche Instanz*, die die Entscheidung und Bestimmung legitimieren kann, was als *wahr* und was als fiktiv und falsch, was als *allgemeingültig und objektiv* und was nicht als solches überhaupt gelten darf und gelten kann und als solches auch tatsächlich bestimmt ist.

Der logische Idealismus sieht im Denken und in seiner Objektivität die Grundlage (*die einzige mögliche*) für die Erkenntnis der Welt und das Verständnis des Menschen, seine Stellung und seine Situation in der Welt, aber auch für das Verständnis der Einstellung des Menschen zur Welt und zu seinen Mitmenschen. Auf der Objektivität dieser gesetzlichen Grundlage basiert die Erkenntnis der Wirklichkeit, basiert die Bestimmung dessen, was überhaupt als wirklich gelten kann und tatsächlich als wirklich gilt: *Die wirkliche Welt gilt als wirklich, nur insofern sie vom Denken als wirklich legitimiert ist.*

Insofern hat das Denken den **logischen** *Vorrang* vor all dem, dessen Wirklichkeit es bestimmt. Schon das einfachste Bewusstsein des Menschen ist von Objektivität und Allgemeingültigkeit geprägt. Das bedeutet natürlich nicht, dass alles, was einem Menschen bewusst ist, schon deshalb wahr sein muss; es bedeutet nur, dass es *erstens* ohne Objektivität und Allgemeingültigkeit überhaupt kein Bewusstsein geben könnte und dass *zweitens* das Bewusstsein selbst seinen Inhalt als objektiv und allgemeingültig zu bestimmen *neigt*.

Dem gegenüber sieht die Existenzphilosophie in der Existenz des Menschen und der Welt die erste Tatsache bzw. *die* Grundtatsache, von der man ausgehen muss, um die Welt und sich selbst zu verstehen, eine Welt, die dem Menschen nur dadurch gegeben ist, indem *er* als Individuum und Mensch sich auf sie bezieht. Daher gibt es auch keinen Platz für eine Wahrheit, die vom einzelnen bestimmten Menschen unabhängig ist, d.h. für eine Wahrheit, die gewissermaßen für sich und an sich steht. Das Bewusstsein ist Teil der Existenz des Menschen und die Wahrheit ist Ausdruck dieser Existenz. Das Denken und seine Unabhängigkeit und Autarkie haben keine primäre Bedeutung und sind an sich eigentlich gar nicht wirklich. Das Bewusstsein setzt nicht nur die menschliche Existenz voraus, um selbst zu existieren, sondern es ist ein integraler Teil dieser Existenz. Die Wahrheit ist Produkt bzw. Ausdruck des existenziellen Bewusstseins in seiner Bezogenheit auf die Welt oder auf die menschliche Existenz selbst. Die Einstellung des Menschen zur Welt und seine Reaktion auf diese Welt sind Einstellung und Reaktion des *ganzen* Menschen (nicht bloß eines „denkenden Subjekts") und sie stammen aus seinem *ganzen* Dasein. Diese Bezogenheit des ganzen Menschen auf die Welt ist der Ursprung der Werte, die er hat. Diese Werte drücken eben diese Bezogenheit aus. Insofern ist die menschliche Existenz, das Dasein des *ganzen* Menschen, der einzige Maßstab aller Werte – Wahrheit inbegriffen – und Ideale des Menschen. Was ist aber damit eigentlich gemeint?

Charakteristisch für die Existenzphilosophie ist der Versuch, vom Standpunkt des aktiven, lebendigen Menschen, d.h. des ganzen körperlich-seelisch-geistigen Menschen mit seinen Gefühlen und Ängsten, seinen Sorgen und Nöten zu philosophieren. Philosophie ist nicht bloß eine Sache des Intellekts, d.h. das Produkt eines bloßen Beobachters der Welt oder der Versuch, von einem „objektiven" Standpunkt aus die Welt zu erkennen.

Aus der Sicht der Existenzphilosophie ist der Versuch, die Welt und den Menschen vom objektiven Standpunkt aus des nüchternen Denkens zu verstehen, künstlich, welt- und lebensfremd; und vielleicht noch mehr als dies: Einen solchen Standpunkt gibt es gar nicht.

Die Unterscheidung zwischen Subjekt und Objekt als eine fest bestimmte Spaltung, die die intellektuelle Erkenntnis im Bereich der Philosophie überhaupt möglich macht, gilt gar nicht und kann auch gar nicht gelten. Denn obwohl dieses Subjekt der Erkenntnis angeblich der objektiven Wirklichkeit (gedanklich und nicht räumlich) gegenübersteht, ist es dabei, genauso wie die Objekte, selbst Objekt der Erkenntnis. Denn es wird zu einem solchen ausschließlich dadurch, dass es in diesem Fall als Objekt der Erkenntnis zum Subjekt der Erkenntnis bestimmt wird.

Vom Standpunkt der Existenzphilosophie aus bedeutet das, dass *der erkenntnismäßige Begriff des Subjekts inhaltlich zu arm ist, um gerade die Funktion zu erfüllen, die man ihm zuschreibt.* In Wahrheit kann das Subjekt selbst niemals Objekt der Erkenntnis werden. Das, was man erkennen kann, ist *nur* die der Erfahrung zugängliche (empirische) Seite des Subjekts. Die zugrunde liegende Wirklichkeit des Subjekts, die schöpferische lebendige Kraft, die hinter dieser „Außenseite" wirksam ist, kann durch unser Denken nicht erfasst werden.

Diese Kraft wird allein durch das Individuum in Tätigkeit gehalten. Das, was die Existenzphilosophen „Existenz" nennen, ist genau diese subjektive, jedem Mensch zukommende schöpferische Kraft, die nie Objekt werden kann: *Die Existenz ist die Vollzugsweise des menschlichen Daseins.*

Die auf diese Weise verstandene „Existenz" ist einem jeden möglichen Objekt der Erkenntnis gegenüber andersartig. Bei der *Existenz* handelt es sich um die *eigentümlich menschliche Seinsweise:* Der Mensch – und nicht bloß das Subjekt der Erkenntnis – *ist* seine Existenz, d.h., sein Wesen ist seine Existenz oder folgt aus seiner Existenz.

Und wenn man von dem Menschen spricht, so meint man *immer den einzelnen Menschen, wie er in seiner ganzen Fülle empirisch vorkommt. De Mensch lässt sich in allgemeinen Formeln gar nicht erfassen,* d.h., *es gibt keine allgemeine Wesensbestimmung des Menschen.*

Die verschiedene Bestimmungen des Wesens des Menschen, wie etwa „zoon logon echon", „homo faber", „homo ludens", „homo laborans" usw. kennzeichnen zwar bestimmte wesentliche Züge des Menschlichen, der Mensch aber als Sosein, wegen des ständigen Wandels, in dem er sich befindet, ist mit solchen Bestimmungen nicht zu fassen; ihnen fehlt die Einmaligkeit, die das menschliche Sosein kennzeichnet.

Die Existenz wird also absolut aktualistisch aufgefasst: Sie ist als Ganzes nicht gegeben, d.h., sie ist nie, sondern sie schafft sich ständig selbst. Die Existenzphilosophie betont die konkrete und gelebte Existenz. In dieser Existenz selbst müssen wir sowohl das Ich wie auch die bzw. seine Wirklichkeit finden. *Das lebendige Ich wird durch den erkenntnistheoretischen Gegensatz zwischen Subjektivität und Objektivität gar nicht berührt*, *es sprengt vielmehr die Grenzen dieses erkenntnistheoretischen Gegensatzes.*

Die menschliche Existenz ist in der Welt so eingefügt, dass der Mensch sich immer in einer *Situation* befindet, oder, weil seine Existenz die Vollzugsweise seines Daseins ist, *ist der Mensch selbst seine Situation*. *Diese und die besonderen Beziehungen eines jeden Menschen zu seinen Mitmenschen bildet das eigentliche Sein seiner Existenz.*

Diese situative Existenz des Menschen darf man nicht und kann man auch nicht aufheben, etwa um *den* Menschen zu erkennen. Der Mensch befindet sich *notwendigerweise immer* in einer Situation in einer Welt, die er selbst nicht erzeugt hat: Er ist Sohn von bestimmten Eltern, gehört einem bestimmten Volk an, hat eine bestimmte körperliche und seelische Verfassung, er hat bestimmte Begabungen und so weiter, und so fort.

Die Situation ist, wie gesagt, für den Menschen nicht etwas Äußerliches; im Gegenteil: Er *ist* seine Situation. Das wird dadurch betont, dass die konkrete und gelebte Existenz Quelle freier Entschlüsse ist, durch die der Mensch „sich macht", und durch die er insofern seine Situation, also sich selbst ändert bzw. ändern kann.

Diese Freiheit des einzelnen Menschen folgt daraus, dass er kein inhaltlich bestimmtes Wesen hat, das ihn eindeutig und endgültig bestimmt und das in seinem Sosein immer wirksam ist und zwar so, dass dieses Wesen das Situative in der menschlichen Existenz zu einem sekundären Faktor, zu einer unwesentlichen „Begleiterscheinung" degradiert. Das heißt mit anderen Worten: *Genau deshalb, weil der Mensch kein Glied in einem universellen monistischen System ausmacht, ist er im Besitz einer positiven Freiheit in dem Vollzug seines individuellen Daseins.*

6. In der oben genannten Bestimmung haben wir zwei Aspekte, die man auseinanderhalten soll: Der Mensch, weil er kein Glied eines universellen Systems darstellt, wird in eine Welt „hineingeworfen", die ihm fremd ist; die menschliche Situation ist durch das Bewusstsein der Endlichkeit und Zufälligkeit geprägt. Auf der anderen Seite aber ist der Mensch frei, sich selbst durch sein Handeln zu bestimmen.

Diese absurde menschliche Grundsituation, die durch die Zerrissenheit zwischen Zufälligkeit einerseits und Freiheit andererseits, zwischen Ohnmacht und Macht, kommt im Begriff der *Möglichkeit* zum Ausdruck. Dieser Begriff, in seiner existenz-philosophischen Prägung betont einerseits die Grenze und die Begrenztheit der Existenz, andererseits aber die Freiheit und Verantwortung dieser Existenz. Durch diesen Begriff wird die Problematik der menschlichen Existenz in ihrer ganzen Schärfe ausgedrückt. Es ist dieser Problematik wegen, weshalb die Existenzphilosophie in erster Linie aus einer Rückkehr zu den brennenden und bedeutsamen Fragen der menschlichen Existenz besteht.

Die Existenzphilosophie distanziert sich, indem sie sich an der konkreten und gelebten Existenz orientiert, von allen intellektuellen Konstruktionen der Philosophie und von allen metaphysischen Theorien, die die Struktur der Wirklichkeit mittels eines „Spiels mit Begriffen" zu erklären versuchen. *Die logische Einheit der Welt* ist für sie *höchstens eine abstrakte Annahme, die gar nicht verifizierbar* ist.

Die lebendige Wirklichkeit lässt sich jedoch nicht mittels abstrakter Maßstäbe und Begriffe auffassen: *Sie ist dynamisch und unberechenbar*. Das so genannte konzeptuelle Denken, das Tausende von Jahren in der Philosophie herrscht, versucht zum Wesen der Wirklichkeit vorzudringen. Es legt das Gewicht auf Wahrheit und Wirklichkeit und betont die theoretischen Grundsätze, die die Erkenntnis der Wirklichkeit ermöglichen. Die einzelnen Lebewesen, die einzelnen Dinge und Vorgänge interessieren dieses Denken nur insofern, als sie den Gesetzlichkeiten der Wirklichkeit unterworfen und insofern sie Ausdruck der Gesetzmäßigkeiten der Wirklichkeit sind. Wert haben die einzelnen Lebewesen, die einzelnen Dinge und Vorgänge also nicht an sich, sondern nur als Beispiel der Verwirklichung der allgemein herrschenden Gesetzlichkeit. Als Beispiel dafür kann der kategorische Imperativ Kants dienen: Der einzelne Fall ist immer der Fall eines allgemeinen Gesetzes; d.h., von den handelnden Personen und von den einzelnen persönlichen Beziehungen muss man hier zunächst absehen. Sie sind zufällig und irrelevant. *Aber gerade dieses Zufällige, gerade dieses Irrelevante ist das Wirkliche am Menschen!* Man kann vieles erklären und verstehen mittels allgemein herrschender Gesetze, jedoch ins Wesen des Einzelnen, als dem Wirklichen schlechthin, dringt man damit nicht ein und kann man auch nicht eindringen.

Die Existenzphilosophie ist jedoch trotz dieser Kritik nicht gegen Denken oder Verstand überhaupt und plädiert nicht für die „Ausschaltung" des Denkens. Sie wendet sich aber gegen den so genannten Mythos der Allmacht des Denkens, gegen einen absoluten Vernunftglauben, der behauptet, das Denken beherrsche vollkommen die Wirklichkeit. Die Existenzphilosophie ist nicht gegen Denken und Begriffe als solche, sie wendet sich aber gegen den Versuch oder genauer gegen die Versuchung, die Wirklichkeit in ein System von Begriffen zu verwandeln, das die Wirklichkeit als Begriffskonstruktion zu verstehen versucht.

Ein solches Weltbild wäre nach der existenz-philosophischen Überzeugung nicht bloß Ausdruck von extremer Überheblichkeit; es wäre schlicht und einfach falsch: Eine solche Wirklichkeit wäre statisch, während die wahre Wirklichkeit dynamisch ist. Diese wahre Wirklichkeit in ihrer ganzen Fülle lässt sich gar nicht in einen begrifflichen Inhalt verwandeln bzw. durch Begriffe ausdrücken: *Die Wirklichkeit muss gelebt werden!*

Die *wahre Wirklichkeit* befindet sich im ständigen Wandel und in ständiger Entwicklung, *sie ist immer einmalig* und lässt sich nicht in „monistische Zauberformeln" hineinpressen. Sie hat keinen „wahren Kern", kein Wesen, aus dem sich alles ableiten ließe. Das „Hier" und „So" des einzelnen Wirklichen überhaupt und des Menschen im Besonderen sind eine *letzte Tatsache*, die von einem Dritten abzuleiten sind.

Aber nicht nur die äußere Wirklichkeit befindet sich im ständigen Fluss: Auch das Denken selbst nimmt Teil an diesem ständigen Wandel. Das Denken stellt keine objektive, unparteiische und uninteressante Instanz dar. Die objektive Erkenntnis, die angeblich rein sachliche und unparteiische Erkenntnis, eine rein begriffliche Erkenntnis der Wirklichkeit, eine solche Erkenntnis gibt es nicht, und wenn es sie gäbe, dann hätte sie die menschliche Situation außer Acht lassen müssen und hätte somit, wenn überhaupt, einen sehr begrenzten praktischen Wert.

Das Denken stellt zwar einen wesentlichen Bestandteil der menschlichen Existenz dar, *sein Anwendungsbereich ist jedoch sehr begrenzt.* Das Denken hat gar nicht die Kraft, die Wirklichkeit in ihrer Fülle zu begreifen. Es kann zwar bestimmte funktionelle Verhältnisse feststellen und erklären, das Wirkliche im wahrsten Sinne des Wortes lässt es jedoch unberührt.

Aber gerade dort, wo die Ohnmacht des Denkens am deutlichsten zum Ausdruck kommt, dort fängt das Wichtigste für die menschliche Existenz an, deutlich spürbar zu sein.

Die Existenzphilosophie will zeigen, dass die Objektivität eines überpersönlichen Denkens mit der Subjektivität des menschlichen Bewusstseins nie zu vereinbaren ist. Wir haben hier zwei Begriffe, die einander von vornherein ausschließen oder sich gar widersprechen.

7. Die oben genannte Spannung zwischen dem Allgemeinen und dem Besonderen, sei es im philosophischen oder theoretischen Bereich oder aber im gesellschaftlichen Bereich, drückt *das* Problem der Existenzphilosophie aus, *nämlich das Problem der Situation und der Stellung des konkreten einzelnen lebenden Menschen in der Welt.*

Dieses Problem ist kein Problem, das ursprünglich dem Bereich der Erkenntnis angehört, sondern dem Bereich der Betrachtung der Stellung des Menschen, der ganzen konkreten und gelebten Existenz in der Welt.

Das Problem der Erkenntnis im engeren Sinne dieses Begriffs stellt nur einen Teil und auch als solcher nicht den wichtigsten dieses existenziellen Problems dar. *Das zentrale Thema, die Hauptsache, ist das Verhältnis des ganzen, konkreten Menschen zur Welt wie auch seine Stellung in ihr* und nicht die Herstellung einer Theorie der Erkenntnis bzw. der erkenntnismäßigen Betrachtung der Welt und alles Wirklichen.

Und wenn die Existenzphilosophie sich mit der Erkenntnis und mit Problemen der Erkenntnis befasst, so nicht, weil sie an sich wichtig sind, sondern um die Begrenztheit der Erkenntnis zu betonen. Und die Betonung der Begrenztheit der Erkenntnis ist ihr deshalb wichtig, weil die Begrenztheit der Erkenntnismöglichkeit Ausdruck der radikalen Begrenztheit des Menschen selbst ist, nämlich seine Endlichkeit.

In seinen Bemühungen, die Welt zu erkennen, schafft der Mensch ein Verhältnis zur Welt, das die Endlichkeit des Menschen aufdeckt und betont. Der diskursive Charakter des menschlichen Verstandes ist nach dieser Auffassung nichts anderes als Ausdruck der Rezeptivität des Menschen in seinem Verhältnis zur Welt. Das heißt, die Rezeptivität ist Ausdruck der Tatsache, dass der Mensch von vornherein von etwas abhängig ist, das er höchstens nur registrieren kann, auf das er jedoch keinen Einfluss haben kann.

In seinen Erkenntnisbemühungen kann der Mensch nur von einem Begriff zu einem anderen übergehen, so lautet der Einwand. Zur Wirklichkeit dringt er damit nicht vor, d.h., *dadurch wird der Abstand zwischen ihm und der Wirklichkeit, in der er sich befindet und in der er lebt, nicht kleiner.*

Mit anderen Worten, die menschliche Existenz, die Situation und die Stellung des Menschen in der Welt werden durch diese Erkenntnisbemühungen nicht berührt und die Absurdität einer Existenz, die in diese Welt „hineingeworfen" wird und ihre Angst vor dem Tod wird durch diese Erkenntnisbemühungen nur betont und somit auch die *Sinnlosigkeit* dieser Bemühungen.

Die Endlichkeit der menschlichen Existenz ist nicht zufällig *die* Grundkategorie der Existenzphilosophie. Denn durch sie wird das existentielle Bewusstsein des Einzelnen, eine andere Grundkategorie der Existenzphilosophie, eigentlich konstituiert.

Die Endlichkeit ist der bezeichnendste Grundzug des menschlichen

Daseins, und der Tod als Ausdruck dieser Endlichkeit ist nach der Auffassung der Existenzphilosophie das wichtigste Ereignis im Leben eines Menschen. Der Mensch ist endlich, weil er erstens sterben wird und zweitens, weil er weiß, dass er sterben wird.

Der Tod soll nicht einfach als der Schlusspunkt der Tage eines Menschen verstanden werden. Der Tod ist nicht bloß ein negatives Ereignis, der Punkt, wo der Mensch aufhört zu leben, sondern *er stellt ein Ereignis dar, das immer im Hintergrund des Bewusstseins anwesend und seelisch wirksam ist.*

Der Tod ist nicht bloß ein Ereignis in einer fernen Zukunft; wir werden zwar irgendwann in der Zukunft sterben, aber das Bewusstsein, dass wir sterben werden, begleitet uns immer in der Gegenwart und bestimmt so auf eine entscheidende Weise unsere Lebenssituation. Der Mensch ist in die Welt „hineingeworfen", er weiß nicht, warum er und diese nun „seine" Welt überhaupt existieren. Er weiß *nur, dass* er existiert und dass sein Tod unumgänglich ist. Er ist sich, im Gegensatz zu allen anderen Lebewesen und Objekten in dieser Welt, dieser Tatsache bewusst, was bei ihm das ständige Gefühl der Angst und der Furcht erzeugt.

Mit diesem Bewusstsein hört der Tod auf, ein unpersönliches Ereignis zu sein, ein unumgängliches Schicksal des Menschen. In dieser unpersönlichen Betrachtung des Todes drückt sich der Versuch aus, den Gedanken auf den eigenen Tod zu verdrängen, die Tatsache zu ignorieren, dass *ich* persönlich sterben muss. Wir sind uns immer bewusst, dass der Tod die totale Auslöschung all dessen ist, was für uns in dieser Welt wichtig ist und all dessen, was unserem Leben Sinn und Bedeutung verleiht: *Authentisches Leben ist ein Leben, das sich seines Endes immer bewusst ist.* Erst das Bewusstsein des Todes macht dem Menschen den vollen Wert und den vollen Sinn seines Lebens bewusst.

8. Wenn wir nun diese hier kurz geschilderte Grundposition der Existenzphilosophie näher betrachten, werden wir deutlich sehen, dass das, was die Existenzphilosophie als ursprünglich ansieht, gar nicht ursprünglich ist, dass die Existenzphilosophie einen durch und durch konzeptuell bestimmten Gesamtzusammenhang voraussetzt, der die Bestimmung der existenzphilosophischen Grundbegriffe überhaupt möglich macht. Dies zu zeigen, ist diesen Paragraphen gewidmet.

Der erste Schritt dazu ist eine weitere Erörterung des Begriffs der Erfahrung. Wir haben schon in System I darauf aufmerksam gemacht, dass man bei der Erfahrung zwei Aspekte unterscheiden muss: Einmal ist die Erfahrung **Inhalt des Bewusstseins** *eines Subjekts* und einmal ist sie **Zustand** *dieses Subjekts.*

Die Erfahrung ist einerseits der Inhalt dessen, was dem Subjekt als *gegebene sinnliche Erlebnisse* bewusst ist (von ihm „erlebt" wird), andererseits ist die Erfahrung die *Art des Bestehens des Subjekts* in dem Gefüge der Beziehungen, das die Wirklichkeit konstituiert und ausmacht.

Insofern ist die Erfahrung einerseits Ausdruck des *Bestehens des wirklichen Subjekts* selbst, andererseits aber Ausdruck des *Bestehens der Wirklichkeit* selbst, in der dieses Subjekt besteht. Die Erfahrung deutet somit auf zwei Richtungen der Tätigkeit des Bewusstseins des Subjekts hin: Einmal wird das Subjekt als von der Wirklichkeit getrennt betont und zum anderen vollzieht das Bewusstsein die Eingliederung des Subjekts in die Wirklichkeit als integralen Teil von ihr.

Diese zwei Richtungen sind Ausdruck der *Identität* des Subjekts: *Die Tätigkeit des Bewusstseins in diese zwei Richtungen konstituiert die **Identität das Subjekts** und die **Erfahrung ist die Brücke** zwischen dem einzelnen identischen Subjekt und zwischen der es umgebenden Wirklichkeit.*

Konkret bedeutet diese Bestimmung zweierlei: *Erstens*, dass die Erfahrung eines Subjekts als *Art seines Bestehens in der Welt **immer und notwendigerweise individuell** ist* und nur eine solche sein kann, und *zweitens*, dass diese Individualität der Erfahrung *immer und notwendigerweise über sich hinausführt bzw. hinausführen muss*, was bedeutet, dass *diese Individualität keinesfalls als ursprünglich aufgefasst werden kann.*

Die Individualität der Erfahrung entsteht zunächst kraft der Tatsache, dass die Erfahrung als Bewusstsein zu dem Kontakt zwischen dem Subjekt und seiner Umgebung von *vornherein individuell* ist. Die Art und Weise, *wie* das Subjekt diesen Kontakt erfährt oder wahrnimmt, ist von vornherein individuell.

Hier, in diesem Eindruck und in diesem Erlebnis ist das Subjekt gewissermaßen passiv: Das, was es erfährt, ist ihm aufgezwungen, d.h., das Subjekt bestimmt nicht, was es in einem bestimmten Moment erfährt und wie es dies erfährt. Außerdem besteht die Individualität der Erfahrung in der Tatsache, dass das Subjekt von anderen Subjekten *abgesondert besteht*. Das heißt, die Tatsache, dass das Subjekt mit sich selbst identisch ist, bestimmt seine Erfahrung von vornherein als individuell. *Diese Identität des Subjekts konstituiert die persönliche Identität des einzelnen Menschen, der, wegen der individuellen Erlebnis- und Erfahrungsweise, **immer eine persönliche und absolut einmalige** Biographie hat*, was wiederum zu einer weiteren Bestimmung der Individualität der Erfahrung des Subjekts führt.

9. Auf den ersten Blick scheint diese Individualität der Erfahrung tatsächlich ursprünglich zu sein und zwar im Sinne *der* Grundtatsache, die allein als Grundlage zum Verständnis der Welt und des Menschen ausgeht.

Eine nähere Betrachtung wird jedoch zeigen, dass von der Ursprünglichkeit dieser oben genannten Tatsache gar keine Rede sein kann: *Die Möglichkeit des Bewusstseins bzw. des Selbstbewusstseins des Subjekts wie auch die Möglichkeit seiner individuellen Besonderheit und seiner individuellen Einmaligkeit sind durch das Bestehen einer universellen Struktur bedingt und sie werden durch den und in dem Zusammenhang konstituiert, den diese universelle Struktur bestimmt.*

So z.B. ist das Empfangen eines Eindrucks, das durch etwas verursacht, als Erfahrungsweise betrachtet, *immer individuell.* Zunächst muss jedoch dem Subjekt selbst bewusst sein, dass es etwas erfährt und es muss wissen, *was* es erfährt. Der Inhalt dessen, was es erfährt, muss etwas Definiertes bzw. etwas Definierbares sein; das, was es erfährt, muss einheitlich und mit sich identisch sein. Das alles muss vorhanden sein, *bevor* das Subjekt selbst überhaupt etwas erfahren kann, *damit* es überhaupt als das, was es ist, erfahren kann.

*Die Erfahrung ist individuell kraft der Tatsache, dass der **Akt** der Erfahrung individuell ist.* Das Erfahren ist zwar selbst nicht vermittelbar, jedoch schon die bloße Tatsache, dass man sich dessen überhaupt *bewusst* ist, zeigt, dass die *überindividuelle Struktur* des Bewusstseins hier wirksam ist.

Diese Wirkung besteht in der ***apriorischen Konzeptualisierung*** der Erfahrung: *Die Erfahrung ist **von vornherein** eine **begriffliche** Konstruktion* und deshalb überindividuell.

Es ist in diesem Zusammenhang sehr wichtig einzusehen, dass das *bloße Bewusstsein* der *Tatsache des Erfahrens*, der *Tatsache, dass man überhaupt etwas erfährt und wie man es erfährt* (Gefühle, bloße Empfindung usw.), erstens die *überindividuelle Struktur des Bewusstseins* und zweitens die *begriffliche Ausdrucksmöglichkeit* voraussetzt.

Das Erlebnis im Erfahrungsakt ist im Grunde nichts anderes als die Lenkung des Bewusstseins in einem bestimmten Moment in eine bestimmte Richtung der Erfahrung. Das „erleben" wir im Akt der Erfahrung, also im Erfahren. Das Erfahren und das Erleben sind vom Standpunkt des Subjekts aus betrachtet in ihrem Vollzug *immer in der Gegenwart*, d.h., sie sind *momentan*: Man kann sich an vergangene Erlebnisse und an vergangene Erfahrungen erinnern und an kommende denken, jedoch erleben und tatsächlich erfahren können wir *nur in der Gegenwart*.

Der Akt der Erfahrung ist *immer momentan und fragmentarisch*, genau wie die *Gegenwart nur ein momentaner Abschnitt oder ein Fragment der Zeit ist*.

Die Bedeutung dieser unbestreitbaren Tatsache ist klar: *Schon der einfachste Erfahrungsakt, schon das einfachste Erlebnis überschreitet* **von vornherein** *die Grenzen der Gegenwart*, denn bei Erlebnis- und Erfahrungsakten handelt es sich *immer* um Inhalte, die *niemals* als momentan und fragmentarisch gelten können, d.h., *die Bedeutung dieser Inhalte kann* **niemals lediglich** *in einem momentanen und fragmentarischen Dasein bestehen.*

Schon die bloße Tatsache, dass das, **was** *wir erfahren,* **sprachlich bzw. begrifflich** *ausgedrückt werden* **kann**, die bloße Tatsache, dass wir es mit einem *Namen* versehen können, bedeutet erstens, dass *die Überschreitung der Grenzen des fragmentarischen Moments der Gegenwart von vornherein vollzogen worden ist*, diese Tatsache bedeutet aber auch zweitens, dass *die Überschreitung der Grenzen der individuellen Sphäre des Subjekts wiederum von vornherein vollzogen worden ist:* **Die Sprache selbst ist kein Produkt eines Erfahrungsaktes**.

Jeder gegenwärtige Moment des Bewusstseinsgeschehens setzt *immer schon* den Namen voraus, durch den wir uns unserer momentanen Erfahrungsakte und individuellen Erlebnisse als Inhalt des Bewusstseins bewusst sind; dieser Name ist also kein Produkt des Erfahrens selbst.

Auch die *Individualität des Subjekts* muss von *kontinuierlichem Bestand* sein: *Sie kann niemals als **bloß gegenwärtig** verstanden werden. Die **Tatsache** der **persönlichen Identität** des Subjekts*, das, was ihm seine Individualität verleiht und seine Persönlichkeit ermöglicht, das, was überhaupt ermöglicht, von dem *ganzen Menschen*, von dem *ganzen körperlichen-seelischen Menschen* mit seinen Gefühlen und Ängsten, seinen Sorgen und Nöten zu sprechen, ***das** kann **niemals** in einer sensualistisch-empiristischen Weise verstanden werden*, wie es Hume in ausgezeichneter Weise gezeigt hatte.

10. Das oben Gesagte bedeutet nun, dass *die Erfahrung und das Erfahren oder das Erleben der Erfahrungsakte **niemals** als **unmittelbar** gelten können.* Die Erfahrung steht ja nicht für sich da. Das Nachdenken über die Erfahrung zeigt, dass, um das zu sein, was sie ist, die Grenzen des Subjekts *notwendigerweise* überschritten werden müssen, und zwar in doppelter Hinsicht: *Erstens* kann die Erfahrung *niemals* als *Gesamtzusammenhang* gelten, wie sie im vorphilosophischen Stadium erfahren wird. Beim Nachdenken über die Erfahrung führt diese *notwendigerweise* über sich hinaus, d.h., die *Wirklichkeit* der Erfahrung lässt sich *nur* in einem weiteren Zusammenhang feststellen, der *notwendigerweise* weiter als der Umfang der Erfahrung selbst ist.

Zweitens setzt die Erfahrung die *Wirklichkeit* und die *Tätigkeit des Bewusstseins* mit seiner deduktiven Struktur voraus. Es gibt *keinen Übergang* zwischen Erfahrung und Bewusstsein und einen solchen Übergang kann es auch nicht geben. Das heißt, *es ist nicht so*, dass die Erfahrung sozusagen da ist, und dann das Subjekt kommt und sie wahrnimmt.

In Wahrheit ist es genau umgekehrt: Die Erfahrung setzt das Bewusstsein als *logische Bedingung ihrer Wirklichkeit und Erfahr-*

barkeit voraus. Das heißt, das Wesen der Erfahrung besteht zunächst in der Tatsache, dass sie durch ein Bewusstsein „registriert" und durch das Subjekt erfahren wird: Es ist das Bewusstsein, das die Erfahrung bestimmt und nicht umgekehrt.

Was uns als unmittelbare Auffassung der Erfahrung bzw. als unmittelbares Erfahren erscheint, ist in Wahrheit nur eine Bestimmung des Bestehens eines Sachverhalts oder eines Inhalts, *ohne dieses Bestehen in einen erklärenden Zusammenhang zu setzen bzw. ohne diesen Zusammenhang wahrzunehmen.*

Alles, was dessen Auffassung von uns als „unmittelbar" erfahren wird, braucht für sein Bestehen, für seine Identität und für seine Einheit, einen viel breiteren Zusammenhang, den man *unmöglich in **einem** Wahrnehmungsakt* erfahren kann. Das kann man sehr deutlich bei Farben und Klängen sehen: Jede einzelne Farbe und jeder einzelne Klang setzt das gesamte Farben- und Klangspektrum voraus.

Eine ähnliche Voraussetzung gilt für alles, was erlebt, empfunden oder gefühlt wird, wie auch für alles, was auf eine andere Weise als durch die Sinne gegeben wahrgenommen werden kann. Das gilt genauso für Wärme und Kälte wie für Angst oder Liebe: Man muss sich nur vergegenwärtigen, welchen komplizierten begrifflichen Zusammenhang das Verständnis des Begriffs „Angst" voraussetzt. So muss z.B. *Angst* zunächst als *Gefühl* bestimmt werden, dann muss es als ein ***bestimmtes** Gefühl* bestimmt werden und so weiter.

All dieses oben genannte Erfahrbare erscheint uns als unmittelbar gegeben zu sein, weil dieser besprochene weitere Zusammenhang uns im Moment der Wahrnehmung des Erfahrungsakts nicht in diesem Akt gegenwärtig ist.

Was einen Sachverhalt oder einen Inhalt „erlebbar" macht, ist die *bloße Tatsächlichkeit* der Gegenwart dieses Sachverhalts oder dieses Inhalts im Rahmen unserer Erfahrung, *ohne dabei das Bewusst-*

sein zu haben, was zur Entstehung dieses Sachverhalts oder Inhalts geführt hat und *was* ihn zu dem macht, was er ist, *was* seine Identität als das, was er ist, bestimmt, und *was* ihm seine Einheit und seine Beständigkeit verleiht.

Und so erscheint er uns, *losgelöst von jedem erklärenden Zusammenhang*, der mit dem Sachverhalt bzw. mit dem Inhalt nicht gleichzeitig gegeben ist, als unmittelbar gegeben, d.h., wir „erfahren" ihn. Das betrifft die Art und Weise, *wie* wir ihn erfahren. Wenn wir diesen Sachverhalt oder Inhalt *erkennen*, dann spielt dieses Erfahren *gar keine* Rolle.

All dies bedeutet nicht den Versuch, die Stimme des Lebens und des Gefühls zum Verstummen zu bringen. Es handelt sich bei der obigen Erklärung *nicht* um den Versuch, das Denken dort aufzuzwingen, wo es nicht hingehört, sondern es handelt sich um den Versuch zu verhindern, dass die Bedeutung und der Sinn von Leben, Gefühl, Erleben und dergleichen auf eine unangemessene Weise bestimmt werden.

Erleben, Leben, Gefühl und dergleichen sind keine Faktoren, die an sich unmittelbar Eindeutigkeit und Bestimmtheit besitzen. Sie *benötigen*, um überhaupt Sinn und Bedeutung zu haben, die *logische Klärung* und *erst durch die Zugrundelegung der deduktiven Struktur des Denkens* lässt sich ihr Sinn und ihre Bedeutung bestimmen und verstehen.

Das Leben, das Gefühl und das Erlebnis, das Lebensgefühl und das Selbstgefühl sind für uns Tatsachen, die uns ihre ganze Gewalt spüren lassen. Jedoch trotz dieser Macht und dieser Gewalt, mit der sie auf uns wirken, trotz ihrer eigentümlichen und entscheidenden Bedeutung für uns, **sind sie keine selbstständigen Geltungsgebilde.**

11. Wenn wir das auf die Existenzphilosophie beziehen wollen, so bedeutet das, dass *der besondere, einzelne Mensch, wie er in seiner*

ganzen persönlichen Fülle empirisch vorkommt, also die konkrete, gelebte Existenz, **niemals** *als Ausgangspunkt weder für das Verständnis der Welt noch für das Verständnis des Menschen selbst gelten kann.*

Diese konkrete, gelebte Existenz ist nicht ursprünglich, sie ist sich selbst nicht unmittelbar gegeben, wie es die Existenzphilosophie behauptet.

Und *wenn* die Existenzphilosophie auf Bescheide über Angst und Tod, Existenz und Sein, Gott und Nichts dringt, welche die fundamentale Wirklichkeit des Menschen betreffen[53], *wenn* sie, im Bedenken der Existenz- und Seinsvergessenheit *mit Recht* darauf besteht, den Grundfragen der menschlichen Existenz nachzugehen (Janke, ebd.), *dann* muss sie einsehen, dass sie das *nicht unmittelbar* unternehmen kann, sondern sie muss zunächst eine Art *gesamtphilosophische Propädeutik vorausschicken,* in der sie ihren Wahrheitsanspruch legitimiert und die Grundbedeutungen bestimmt, erklärt und begründet.

Die Existenzphilosophie muss, mit anderen Worten, *ein Gesamtsystem der Philosophie entwerfen, um an die Wahrheit zu kommen, die für sie wichtig ist.* Denn wenn die Wahrheit über den Menschen und sein Dasein so unmittelbar wäre, dann hätte *die Rede von Existenz- und Seinsvergessenheit* **gar keinen Sinn** gehabt.

Man macht sich über den Philosophen lustig, der nach dem so genannten Eigentlichen fragt, der jedoch über das Nächstliegende, über das, was vor seinen Füßen liegt, stürzt; man macht sich über den Philosophen lustig, der nach dem so genannten eigentlichen Wesen der Wirklichkeit fragt, ohne dabei zu merken, dass er mit dieser Frage angeblich alles Wirkliche verschleiert. Der Witz dabei ist aber, dass es gerade diejenigen sind, die sich auf das „Eigentli-

---

[53] Janke S. 4

che" stürzen, die sich über den Philosophen lustig machen, der danach ernsthaft fragt.

Was bedeutet eigentlich Existenz- und Seinsvergessenheit, wenn wir nicht das *Wesentliche*, das *Eigentliche*, das *Wichtigste* übersehen oder von vornherein gar nicht berühren bzw. gar nicht berühren können?

Andererseits aber, *was bedeutet eigentlich die fundamentale Wirklichkeit des Menschen, wenn nicht die **eigentliche** Wirklichkeit des Menschen? Was bedeutet die Erörterung der Grundfragen des menschlichen Daseins*, wie z.B. „Was ist das Sein des Daseins, dem es in seinem Existieren um sein Sein geht? Wie gehören Eigentlichkeit und Entfremdung der Menschenwelt mit der Entbergung und Verbergung der Wahrheit zusammen? Wie ‚braucht‘ der Mensch das Sein und das Sein den Menschen?"[54], *wenn nicht die Erhellung des **eigentlichen** Existierens?*

Und wenn hier unbedingt von „eigentlich" die Rede sein muss, woher weiß man, *was* „eigentlich Existieren", *was* „eigentliche Grundfragen" usw. *eigentlich ist?* Unmittelbar sichtbar kann es doch nicht sein, denn sonst wäre Philosophie einschließlich Existenzphilosophie nicht nur überflüssig, sondern sie würde überhaupt nicht entstehen können, denn was sollte uns zum Philosophieren treiben?

Das einzige, was die Rede vom „Eigentlichen" überhaupt sinnvoll macht, ist *die **Grundgesetzlichkeit alles Wirklichen**, der Logos der Wirklichkeit, in der bzw. in dem **alle Wahrheit gegründet und begründet ist**.*

Hier, in dieser Grundgesetzlichkeit muss die Grundwahrheit über das eigentliche Existieren wie auch die Grundwahrheit der Antworten auf die Grundfragen dieses Existierens begründet sein.

---

[54] Ebd.

12. Ein ganz anderes Problem ist die Einstellung der Existenzphilosophie zur Stellung des Menschen in der Welt und zur eigenen *Endlichkeit*. Die Existenzphilosophie betont *das unmittelbare Bewusstsein des Menschen zu seiner Endlichkeit*. Diese Endlichkeit besteht nicht bloß darin, dass das einzelne menschliche Dasein zu einem bestimmten Zeitpunkt in der Zukunft zu existieren aufhören wird, sondern sie besteht gerade darin, dass dieses Dasein *jeden Moment* zu existieren aufhören kann: Die Endlichkeit besteht in dem kontinuierlichen unmittelbaren Bewusstsein, dass *jeder Moment der letzte sein kann*.

Der Tod selbst ist natürlich in der Gegenwart der Existenz noch nicht da, *er wird aber mit Sicherheit kommen*. Und da der Tod den Horizont der menschlichen Existenz bestimmt, bestimmt er auch das existentielle Bewusstsein in der Gegenwart. Die menschliche Existenz wird in den Tod nicht im Moment des Sterbens „hineingeworfen", sondern *schon in jenem gegenwärtigen Moment*.

Wenn man nun diese Grundtatsache der Existenzphilosophie mit einer anderen Grundtatsache derselben verbindet, dass nämlich der Mensch in die Welt „hineingeworfen" wird, dass ihm seine Existenz eigentlich aufgezwungen ist, dass ihm seine Erfahrung aufgezwungen ist, dass er ständig das Gefühl hat, er sei den Kräften der Welt „ausgeliefert", dann wird es auch verständlich, warum die Existenzphilosophie die Bedeutung der bzw. einer objektiven Weltordnung für im Grunde gering hält: Diese Ordnung interessiert allein das Denken, hat aber für das Leben des konkret lebenden Menschen, wenn überhaupt, dann nur wenig Relevanz.

Abgesehen von der nach der Existenzphilosophie anmaßenden Behauptung, dass die vollständige Erhellung dieser objektiven Weltordnung überhaupt möglich ist, kann die konkrete und gelebte Existenz in ihr keinen Halt finden. Die von Not und Sorge, Leiden und Freuden, Angst und Liebe erfüllte Wirklichkeit des Menschen, spielt in dieser Ordnung keine Rolle. In einer solchen Ordnung ist der Einzelne nur ein Einzelglied eines Ganzen und nur insofern hat er Bedeutung.

Der menschliche Ernst, so ist der Einwand, fordert aber gerade die Berücksichtigung dessen, was dieser objektiven Ordnung gleichgültig ist und gleichgültig sein muss, nämlich die Berücksichtigung des wirklich Menschlichen in Bezug auf den Menschen, und dies kann nur durch die Wendung hin zum konkret lebenden Menschen selbst geschehen: Nur in ihm selbst kann der Mensch den Halt finden, den er sucht und den er in der objektiven Weltordnung nicht findet und auch nicht finden kann.

13. Eine nähere Betrachtung dieser aus existenziellen Gründen verlangten Hinwendung zum Menschen und zu den Grundfragen des Menschen wird jedoch zeigen, *dass dies **nur und ausschließlich im Rahmen einer objektiven Weltordnung und nur und ausschließlich durch diese Weltordnung überhaupt möglich ist**!*

Der Mensch befindet sich nicht einfach in der Welt. Der konkrete, lebendige, wirkliche Mensch, wie er in seiner ganzen Fülle empirisch vorkommt, ist sich selbst und den Anderen nicht von vornherein gegeben, sondern *er muss konstituiert und gestaltet werden*, was *nur durch seine rationalen Kräfte* vollzogen werden kann.

Das bedeutet natürlich *nicht*, dass der Mensch „nur Denken" ist. Aber *das Irrationale am Menschen*, gleich wie man es versteht und was man als solches bestimmt, *ist und kann als Irrationales **nur vom Standpunkt des Denkens aus** bestimmt* werden: Es ist *von vornherein ein Irrationales eines **vernünftigen** Wesens.*

Der Mensch muss zu der Erkenntnis seiner selbst kommen, um überhaupt die Möglichkeit zu haben, sich zu sich selbst im Sinne der Existenzphilosophie hinzuwenden, um dort den Halt zu finden, den er in der „leeren" objektiven Weltordnung nicht findet oder angeblich nicht finden kann. Und *zur Erkenntnis seiner selbst kann er **nur durch die Selbsteingliederung in das Gefüge dieser objektiven Weltordnung** kommen.*

Schon die bloße *Tatsache des Bewusstseins*, schon das *bloße Bewusstsein seiner selbst* deutet darauf hin, dass *der konkrete Mensch sich nicht nur in einem viel weiteren Zusammenhang befindet, als sein begrenzter Erfahrungshorizont je sein kann*, sondern dass *seine **Identität** als ein konkreter einzelner bestimmter Mensch, wie auch seine **Existenz** durch den bloßen Bezug auf sich selbst, durch die Hinwendung zu seinem „Ich" **nicht nur nicht erschöpfend bestimmt werden kann, sondern gar nicht bestimmt werden kann**.*

*Dieses **notwendige** Hinausgehen über die Grenzen des eigenen Selbst in der Bestimmung seiner Selbst* kommt ausgerechnet in den Begriffen zum Ausdruck, in denen die Existenzphilosophie die besondere Situation des Menschen zum Ausdruck bringen will. In dieser Situation soll nach ihr die objektive Weltordnung, falls eine solche überhaupt bestimmt werden kann, von vornherein gar keine Rolle spielen, ja in ihr kann diese Ordnung überhaupt gar keine Rolle spielen. Gemeint sind Begriffe wie „Endlichkeit", „Todesangst", „Möglichkeit", „Entfremdung" usw.

Nehmen wir als Beispiel die Endlichkeit des Menschen. Die Existenzphilosophie betont die *zeitliche Dimension* der Endlichkeit und die *Unmittelbarkeit und Ursprünglichkeit* des Bewusstseins des Subjekts zu dieser Endlichkeit. Die zeitliche Endlichkeit des menschlichen Daseins trifft die Wurzeln dieses Daseins, der Tod ist von vornherein gegenwärtig und die Sorge und die Angst, die das Bewusstsein ursprünglich begleiten, sind Sorge und Angst vor dem Tod und vor dem immer kürzer werdenden Leben.

Eine nähere Betrachtung des Begriffs Endlichkeit des Menschen wird zeigen, dass die zeitliche Dimension der menschlichen Existenz, also die Tatsache, dass der einzelne Mensch zu einem bestimmten Zeitpunkt zu existieren aufhören wird, für die Bestimmung der menschlichen Endlichkeit *sekundär* ist und, *wo diese zeitliche Dimension nicht sekundär ist, etwa im Begriff der Zukunft wie auch im Willen, diese Zukunft zu gestalten, hat sie dann **positive** Bedeutung* und *keine negative*. Das heißt, dann spielt die *aktive Bestimmung bzw. die Möglichkeit einer solchen Bestimmung der Zukunft **die zentrale** Rolle* und *nicht* die Tatsache, dass erstens die Gestaltung dieser Zukunft nicht sicher ist – denn immer kann etwas dazwischenkommen und dass zweitens die zeitliche Endlichkeit des Menschen damit nur betont wird.

14. Das Kennzeichen der Endlichkeit ist die Begrenzung bzw. die Abhängigkeit. Insofern *ist jedes Glied der Wirklichkeit endlich*, wobei *die Wirklichkeit selbst nicht als endlich **gedacht werden kann***. Die Wirklichkeit ist jedoch nicht „unendlich", sie kann aber nicht als ein Ganzes verstanden werden, das von irgendeinem Faktor begrenzt bzw. abhängig ist. Das heißt, sie kann nicht als ein Ganzes verstanden werden, das mit einem Faktor in Beziehung steht, der mit derselben Kategorie wie ein Wirkliches in der Welt als wirklich bestimmt wird.

Was *die Endlichkeit des Menschen* betrifft, so hat diese zwei Aspekte: *Zunächst* bedeutet sie einfach die bloße Tatsache, dass der Mensch *in* der Welt *ist*. Und *zweitens* bedeutet diese Endlichkeit die Tatsache, dass *der Mensch Erfahrung hat*, d.h., dass *sein empirisches Bewusstsein von dem abhängig ist, was ihm zufällig vorkommt*.

Aber, wenn der Mensch seine Endlichkeit, also sich selbst als endlich bestimmt, stellt er sich in einer gewissen Weise *über* sie, d.h., *er macht diese Bestimmung aus dem Gesichtspunkt der **Erkenntnis** der Wirklichkeit*.

Dieser Gesichtspunkt ist *keiner* eines „unendlichen Verstandes", sondern der *eigentümliche Gesichtspunkt der **menschlichen** Erkenntnis der Wirklichkeit*, Erkenntnis, in der *die Vermittlung zwischen dem einzelnen wirklichen Denken und dem Denken überhaupt* vollzogen wird.[55]

Konkret heißt das, dass *jede Bestimmung der Endlichkeit des Menschen nur durch die Überschreitung der Grenzen dieser Endlichkeit vollzogen werden kann, und der Rahmen, in dem dies geschieht oder geschehen kann, ist die objektive Weltordnung.*

Die Überschreitung der Grenzen der Endlichkeit des Menschen (nicht ihre Aufhebung), d.h., die Überschreitung der Grenzen eines jeden gegebenen Zustandes des Subjekts, wird gerade in der *zeitlichen Dimension* der menschlichen Existenz *besonders betont. Der Mensch lebt nicht einfach in der Gegenwart*; gerade die Zeitlichkeit des Bestehens seines Daseins betont die *Tatsache, dass der Mensch, kraft seines Bewusstseins, über die Abhängigkeit des Vorgehens seiner Existenz von der Zeit*, d.h., *über die Gegenwart seiner Existenz **notwendigerweise** hinausgeht bzw. hinausgehen **muss***.

Die menschliche Existenz kann nicht als in der Gegenwart bestehend betrachtet werden: Der einzelne Mensch existiert nicht bloß in der Gegenwart, *er muss erst seine **Identität** verwirklichen*.

Die Selbstverwirklichung des einzelnen Menschen ist die Überschreitung der Grenzen seiner zeitlichen Endlichkeit wie auch seine Endlichkeit überhaupt.

Die Selbstverwirklichung des Menschen ist Ausdruck der überzeitlichen Dimension der menschlichen Existenz, wenn auch nicht seiner bloßen physischen Existenz. Mit Spinozas Worten lässt sich das so formulieren: *In der Verwirklichung seiner selbst nimmt der einzelne Mensch Teil an der Ewigkeit.*

---

[55] Vgl. System I

Der existenzphilosophischen Betonung der Endlichkeit der menschlichen Existenz in ihrem einfachen Sinn, nämlich in der Betonung ihres zeitlichen und räumlichen Aufhörens-zu-Existieren, entspricht die Situation des *entfremdeten Menschen*, des in der Welt *orientierungslosen* Menschen.

Diesem Menschen ist die Zeit in der Tat die wichtigste Dimension seines Lebens. *Jedoch für den, der sich selbst verwirklicht, spielt die zeitliche Endlichkeit seiner Existenz nicht die Hauptrolle*, er hat in jedem gegebenen Moment seiner Existenz das Beste gemacht, *für ihn hat jeder Moment seines Lebens Sinn.*

*Dieser Mensch hat auch Todesangst, die ihn ständig begleitet, er weiß genau, wie labil die menschliche Existenz ist und wie der Mensch dem Schicksal ausgeliefert ist. Er weiß aber auch, dass **das einzig Sichere, das der Mensch hat, er selbst ist**.*

Das einzige, was hier letztlich die Hauptrolle spielen soll, sind der Sinn und die Bedeutung der persönlichen Existenz hinsichtlich ihrer Verwirklichung bzw. schon erreichten Verwirklichung und nicht die Bedeutung der zeitlichen Endlichkeit für diese Existenz.

Die Tatsache des Todes und des Leidens spielt ohne Zweifel eine sehr große und wichtige Rolle im Leben eines Menschen. *Diese Rolle ist jedoch sekundär im Vergleich zu der **Aufgabe der Selbstverwirklichung des einzelnen Menschen**, die die Hauptrolle im Leben bzw. in der Gestaltung des Lebens eines Einzelnen spielt: Die Rolle, die der Tod und das Leid im Leben spielen, kann letztlich **nur auf dem Hintergrund des Sinns des Lebens einer Einzelperson** bestimmt werden, ein Sinn, der nur durch den **Begriff** der Selbstverwirklichung zu definieren ist.*

Wir können also das oben Gesagte in einem Satz zusammenfassen: ***Das eigentliche Existieren des Menschen besteht in seiner Selbstverwirklichung!*** *Eigentlich existieren* bedeutet nichts anderes als *sich-selbst-verwirklichen.*

15. Mit der obigen Bestimmung kommen wir zu einem wichtigen Grundbegriff der Existenzphilosophie, nämlich zu dem Begriff der *Möglichkeit*. Die Existenzphilosophie will im Begriff der Möglichkeit zwei Aspekte der menschlichen Existenz zum Ausdruck bringen: *Erstens*, dass *die einzelne konkrete, gelebte Existenz sich nicht in ein absolut bestimmtes, universelles System der Wirklichkeit eingliedern lässt*. Diese Bestimmung, so lautet die Behauptung, hat zur Folge, dass *der Mensch frei ist, „sich selbst zu machen"*.

Zweitens aber betont dieser Begriff der Möglichkeit *die Endlichkeit der menschlichen Existenz und die menschliche Hilflosigkeit den vorgegebenen Umständen gegenüber, in die er „hineingeworfen" wird, und die Zufälligkeit der Vorkommnisse in seiner Erfahrung.*

Wesentlich für diesen Begriff der Möglichkeit ist, dass der Übergang von der Möglichkeit zur Wirklichkeit **nicht** *als ein notwendiger Übergang betrachtet wird*. Jede Möglichkeit ist hier als etwas Begrenztes zu verstehen, d.h., sie enthält in sich auch die Möglichkeit, *nicht* in Wirklichkeit überzugehen.

Worüber man sagen kann, dass es zu Wirklichkeit werden wird, das kann nicht als Möglichkeit verstanden werden. *Wesentlich für die so verstandene Möglichkeit ist die Tatsache, dass, auch wenn sie zur Wirklichkeit wird bzw. geworden ist,* ***sie sich dabei selbst als Möglichkeit bestätigt und begründet und nicht als verwirklichte Möglichkeit als notwendig betrachtet wird***.

Damit will man *beide Aspekte des Begriffs der Möglichkeit* vereinigen: *Die Freiheit von einem zwingenden Gesamtzusammenhang der Wirklichkeit und die Einschränkungen und Zufälligkeiten, die die menschliche Erfahrung mitgestalten.*

Wesentlich für diese Auffassung von der Möglichkeit ist die *Unbestimmtheit*, die als in der Loslösung („Freiheit") des Subjekts von einem jeden zwingenden wirklichen systematischen Zusammenhang bestehend verstanden wird. Das heißt, hier geht es nicht einfach darum, ob ein Mensch etwas tun will oder nicht und ob er dabei die Möglichkeit hat, sich zu entscheiden, wie er will. *Hier geht es eher um die Betonung der **Subjektivität**, die hier im **schöpferischen Sinne** verstanden wird: **Der Mensch schafft sich selbst aus freiem Willen**.*

16. Eine nähere Betrachtung dieser oben dargelegten Auffassung zeigt jedoch, dass im Begriff der Möglichkeit gerade die *Bestimmtheit* und nicht die Unbestimmtheit betont wird und betont werden muss, damit die Möglichkeit als Möglichkeit bestimmt und verstanden werden kann.

Das heißt, *es gibt nicht einfach so etwas wie Möglichkeit; Möglichkeit ist **immer** etwas Bestimmtes, das **notwendigerweise** unter bestimmten Umständen zur **Wirklichkeit** wird.*

*Der **wahre** Begriff der Möglichkeit kennzeichnet **nicht** das Gegenteil von Notwendigkeit und insofern kennzeichnet er **nicht** die Unbestimmtheit in der Umwandlung in Wirklichkeit, sondern er kennzeichnet **nur die Unwissenheit bzw. den Mangel an Erkenntnis**.*

Es hat *nur dort* Sinn, von Möglichkeit zu sprechen, *wo begriffliche Unbestimmtheit* besteht, d.h., nur dort, *wo* man den *Gesamtzusammenhang, in dem diese Möglichkeit steht, **nicht kennt**,* und damit auch *nicht die eindeutige und endgültige Bestimmung der Natur einer so genannten möglichen Sache vollziehen kann.*

Was Möglichkeit zur Möglichkeit macht, ist gerade die Tatsache, dass *sie in der Natur bzw. im Wesen einer Sache, gleich welcher Art, begründet ist*. Die Frage, ob eine Möglichkeit zur Wirklichkeit wird, ist *sekundär. Primär und von grundsätzlicher Bedeutung* ist die Tatsache, dass diese Möglichkeit *nur in einer **bestimmten Richtung** Wirklichkeit werden **kann**.*

Wesentlich ist die Tatsache, dass die Möglichkeit *von vornherein* in einer *gesetzlichen Grundlage begründet ist*, die sie *überhaupt als Möglichkeit einer bestimmten Wirklichkeit* bestimmt.

Wenn das Mögliche überhaupt Sinn haben soll, wenn man dem Möglichen jegliche *verpflichtende Bedeutung und Gültigkeit* zuschreiben will, dann *muss man in ihm die* **Bedingungen seiner Wirklichkeit** *betonen*. Man muss in ihm *erkennen*, was es zur *Möglichkeit einer Wirklichkeit* bestimmt. Denn *Möglichkeit ist nicht bloß Möglichkeit*, sondern **immer eine logische Antizipation einer künftigen Wirklichkeit**.

17. Wenn wir nun zum Menschen zurückkommen, so bedeutet die Anwendung des Begriffs der Möglichkeit auf ihn nicht einfach, dass „alles offen" ist, sondern die *Möglichkeit der Verwirklichung seiner Natur als Mensch und als Individuum*.

Der Mensch kann irgendetwas verwirklichen, *nicht weil er es will, sondern weil es zunächst in seiner persönlichen Natur begründet ist*. Die Frage, ob die Möglichkeit bei ihm zur Wirklichkeit wird und was dies bestimmt, ist *zwar wichtig, aber von sekundärer Bedeutung*. Die *Hauptsache* ist hier die *Tatsache*, dass er es *könnte, wenn* er es *wollte*. Und er könnte es nicht bloß tun, weil er es wollte, sondern *weil es Teil seiner menschlichen individuellen, d.h. persönlichen Natur ist*.

Wollen kann der Mensch, was er will und was ihm gerade Spaß macht; **verwirklichen kann er nur das, was durch seine persönliche Natur bestimmt ist**, die selbst durch seinen spezifischen Ort im Gesamtgefüge der Wirklichkeit bestimmt wird.

Und die Eingliederung des Subjekts in dieses Gesamtgefüge der Wirklichkeit ist *genau das Gegenteil* von dem, was die Existenzphilosophie in Bezug auf einen derart geschlossenen Zusammenhang versteht: *Diese Eingliederung des Menschen in das Gesamtgefüge der Wirklichkeit ist nicht die Einschränkung oder sogar die Aufhebung der Freiheit des Menschen, sondern* **ihre Verwirklichung** *und zwar auf die* **einzige mögliche** *Weise*.

Man kann jedoch erschweren und fragen: Die Wirklichkeit ist doch dem Menschen aufgezwungen? Er bestellt ja nicht die Erfahrung und die Wirklichkeit, in denen er lebt, sondern er ist diesen gewissermaßen ausgeliefert. Das Subjekt ist doch der Wirklichkeit entfremdet. Wie kann man denn behaupten, dass ausgerechnet seine Eingliederung in diese Wirklichkeit die Verwirklichung seiner Freiheit bedeutet und nicht umgekehrt?

Die Antwort auf diese Frage ist einfach: *Der Mensch ist von dem Moment an, da er das Licht der Welt erblickt*, ob man es wahrhaben will oder nicht, *Teil der Wirklichkeit, in der er lebt*.

Es ist nicht so, dass der Mensch an und für sich besteht und die Wirklichkeit ihrerseits an und für sich besteht, gewissermaßen als zwei einander fremde Welten, die einfach so nebeneinander bestehen. *Als in der Welt bestehend ist die Wirklichkeit dem Menschen sozusagen aufgezwungen.*

Man muss hier jedoch zweierlei unterscheiden: Die Wirklichkeit hat den Menschen nicht von sich aus hervorgebracht und *insofern* ist sie ihm aufgezwungen. Seine *Identität* kann aber *nur* durch die Eingliederung bzw. das Eingegliedert-Sein in der Wirklichkeit konstituiert und bestimmt werden.

In der Erkenntnis der Wirklichkeit als Vermittlung zwischen Subjekt und Wirklichkeit vollzieht sich die Eingliederung des Subjekts in die Wirklichkeit und damit **wird seine persönliche Identität konstituiert**.

Das ist die Voraussetzung für die Selbstverwirklichung des Subjekts – und **nur in seiner Selbstverwirklichung** ist das Subjekt **wirklich frei**.

Nur in seiner bewussten, Erkenntnismäßigen Eingliederung in der Wirklichkeit kann der Mensch frei sein, denn *nur* in dieser Eingliederung wird seine Identität verwirklicht, d.h., *nur in ihr kann er sich selbst, als das, was er persönlich-individuell ist, verwirklichen*.

Ihre besonders brutale Macht im Sinne der Existenzphilosophie zeigt die Wirklichkeit dann, wenn ein Mensch versucht, sich selbst in einer Weise zu verwirklichen, die mit seiner persönlichen Natur *nicht* im Einklang steht, also in einer Weise, die seiner persönlichen Natur als durch seine bestimmte Stellung in dem Gesamtgefüge der Wirklichkeit bestimmt *nicht* entspricht.

Diese brutale Macht der Wirklichkeit bedeutet aber genau das Gegenteil von dem, was die Existenzphilosophie über sie meint: **Sie ist das Zeichen dafür, dass der Einzelne sozusagen seinen Kurs ändern soll, sie deutet darauf hin, dass dieser Weg seiner Identität nicht entspricht.**

Insofern hat diese „Machtdemonstration" der Wirklichkeit, die in Erscheinungen wie Entfremdung, dem Gefühl, man sei dem Schicksal ausgeliefert, dem Gefühl der Nutzlosigkeit und dergleichen zum Ausdruck kommt, eine *sehr positive Rolle. Der Mensch muss sie nur verstehen und für sich die Konsequenzen ziehen.*

Damit kommen wir zu dem *eigentlichen Problem eines jeden einzelnen Menschen: die Übereinstimmung zwischen den angeblich unzähligen Möglichkeiten, die für ihn offen stehen, und seiner eigenen Natur und seinen Fähigkeiten.* Es ist, mit anderen Worten, das Problem der **Orientierung des einzelnen Menschen in der Welt.**

Den „Kompass" kann der Mensch allerdings **nur** *in der Erkenntnis der Wirklichkeit* finden. *Nur so kann er den Sinn seines Lebens verstehen, d.h., sich selbst erkennen und dementsprechend sich selbst verwirklichen.*

Die Angst vor dem Tod wie die „Willkürlichkeit" der Wirklichkeit spielen *nur dann* die zentrale Rolle, *wenn* der Mensch in dem Bewusstsein lebt, sein Leben sei absurd und im Grunde sinnlos. *Aber in dem Moment, da er begreift*, dass die Bedeutung und der Sinn seines Lebens *nur von ihm abhängig sind*, sucht er nach dem *Maß-*

stab für die Bestimmung dieses Sinns und dieser Bedeutung und findet ihn *ausschließlich in seiner Selbstverwirklichung bzw. in dem Grad derselben.*

Auch dann ist die Angst vor dem Tod da, auch dann weiß der Mensch, dass er nicht mehr als ein „Strohhalm" ist, wie Pascal sagt. Dann wird aber diese Todesangst *nicht* zu *der* zentralen Kategorie der menschlichen Existenz in der Welt. Das heißt, dann wird *nicht* seine Endlichkeit betont und die zentrale Rolle spielen, die ihr die Existenzphilosophie zuschreiben will, *sondern* seine *Individualität*, seine *Besonderheit* als einzelner besonderer Mensch.

Die Selbstverwirklichung des Einzelnen bringt diese Individualität in einer **maximalen Weise** *zum Ausdruck, denn* **erst in der Selbstverwirklichung bzw. auf dem Weg der Selbstverwirklichung** *wird der einzelne Mensch zu dem, was er als Mensch und als Individuum wirklich ist bzw. sein soll.*

Nichts in der Welt **kann diese Verwirklichung garantieren; diese Tatsache ist vermutlich,** *mehr als die Tatsache des Todes selbst,* **Quelle und Grund menschlicher Sorge und Angst.** Jedoch sind diese Sorge und diese Angst *sekundär*!

Primär ist immer die Selbst-Verwirklichung: Sie ist der **einzige Maßstab** *des Menschen für die Bestimmung seiner Stellung in der Welt!*

Nicht die Existenz des Menschen in der Welt, also nicht die bloße Tatsache der Existenz des Einzelnen in der Welt ist primär; *primär ist die Selbsterkenntnis und die darin sich gründende Selbstverwirklichung des Menschen und das sowohl im weiteren Sinne als Menschen wie auch im engeren Sinne als eines besonderen individuellen Menschen.*

18. Die Existenzphilosophie *setzt*, wenn sie über die konkrete gelebte Existenz, über ihre Endlichkeit und über ihre Situation in der

Welt, in der sie sich befindet, spricht, *die gesamte Weltstruktur voraus.*

Nichts in der Welt kann die Tatsache ändern, dass alles, was dem Menschen bewusst ist oder bewusst werden kann, die logisch-deduktive Struktur des Denkens nicht nur voraussetzt, sondern darüber hinaus auch durch sie erkenntnismäßig konstituiert wird.

Alles, was ist, alles, was wirklich besteht, lässt sich *nur und ausschließlich erkenntnismäßig begreifen*, das Leben wie das Erleben inbegriffen, die zunächst als ursprünglich und als von vornherein nicht-konzeptuell erscheinen.

Dies bedeutet nicht die „Ersetzung" des Phänomens des Lebens und des Erlebens wie die Wirklichkeit im Allgemeinen durch ein geschlossenes System von Begriffen, das sozusagen für die wahre Wirklichkeit erklärt wird.

Nichts in der Welt, auch kein Begriff und kein System von Begriffen, kann das konkret gelebte Leben und das konkret erlebte Erleben und schon gar nicht die gesamte Wirklichkeit ersetzen.

Nichts in der Welt kann aber auch die Tatsache ändern, dass der Mensch, obwohl er im Grunde nicht mehr als der pascalsche „Strohhalm" ist, doch *versteht*, was mit ihm geschieht.

Das lässt sich am besten verstehen, wenn man versucht, sich klar zu machen, was eigentlich die „Angst vor dem Tod" voraussetzt, um als solche überhaupt empfunden oder gefühlsmäßig wahrgenommen zu werden: Die Angst vor dem Tod setzt nämlich einen gewaltigen *begrifflichen* Apparat voraus, der uns die Möglichkeit gibt, im Gegensatz zu anderen Lebewesen, *wirklich Angst vor dem Tod zu haben*, d.h., *unsere Situation in der Welt zu **begreifen** bzw. sich ihrer **bewusst zu sein** bzw. sie **wahrzunehmen***.

Dies hat die Existenzphilosophie, trotz ihrer wirklich großen Verdienste in der Klärung der Stellung und der Situation des Menschen in der Welt und trotz ihrem Beitrag zum Verständnis des Menschen überhaupt, *übersehen.*

Übersehen – denn *sie hat diese Tatsache unbewusst vorausgesetzt.* Sonst könnte sie für sich gar keinen *Wahrheitsanspruch* erheben, *sonst müsste sie schweigen: Denn, was die Grenzen der Sprache („Begriffe") überschreitet, „wovon man nicht sprechen kann, darüber muss man schweigen".*[56]

---

[56] Ludwig Wittgenstein, Tractatus logico-philosophicus, Frankfurt a. M. 1966, Satz 7, S. 111

IV. Schlusswort: Philosophie und Leben

Wir haben am Anfang unserer Überlegungen die Bedeutung der *Philosophie als Philosophieren* hervorgehoben. Das Wesen des Unterschieds zwischen diesen beiden Bezeichnungen besteht im Unterschied zwischen dem persönlichen lebensnotwendigen Bedürfnis nach erkenntnis-mäßiger Orientierung in der Welt, in der der Einzelne sein Zuhause finden will (Philosophieren), und zwischen der Betrachtung der systematischen, literarisch festgelegten Dokumentation der Ergebnisse dieser Suche nach Orientierung (Philosophie im akademischen Sinne: „Philosophiewissenschaft").

Geleitet wird dieses Bedürfnis nach bestimmten grundsätzlichen Fragen, die zwar allgemein formuliert sind, aber persönliche existentielle Lebenswichtigkeit haben.

Diese fundamentale persönlich existentielle – und nicht bloß theoretische – Ich-Bezogenheit hat Immanuel Kant in Fragen-Form folgendermaßen formuliert: „Das Feld der Philosophie [...] lässt sich auf folgende Fragen bringen: 1) Was kann ich wissen? 2) Was soll ich thun? 3) Was darf ich hoffen? 4) Was ist der Mensch?"[57] Und als Höhepunkt der Klärung dieser Fragen drängt die Frage *„Wer bin ich?"* heftig in den Bewusstseinshorizont.

Die Gesamt-Frage *„Wer bin ich?"* ist die Frage nach der konkreten persönlichen Identität, die als solche die Frage nach den konstitutiven Momenten dieser Identität ist. Als der Zugang einer Person zu ihrer persönlichen Identität und so zu ihrem Selbst kann nicht das unmittelbar wahrgenommene Selbst-Bewusstsein gelten. Schon die sehr lebendige Frage nach sich selbst zeigt uns, dass wir bei der Frage nach der Möglichkeit der Erkenntnis im Allgemeinen anset-

---

[57] Logik, III. Begriff von der Philosophie überhaupt, Akademie Ausgabe, IX, S. 25, in: https://korpora.zim.uni-duisburg-essen.de/kant/aa09/025.html , 13.4.2022, 15:00

zen müssen. Die Möglichkeit, auf diese Frage eine allgemeingültige Antwort zu finden, verlangt die Klärung des Rahmens des menschlichen Bestehens in der Welt, allgemein und sehr persönlich zugleich. Dabei wird unmittelbar klar, dass die Frage nach der Orientierung in dieser Welt und die Frage nach der Menschenangemessenen Lebensführung gleichzeitig die Frage nach dem Sinn des persönlichen Bestehens in der Welt beinhaltet.

Wir müssen also zur Kenntnis nehmen, dass unser sehr persönlicher Lebens-Weg mit der persönlich zu stellenden Erkenntnis-Frage wesentlich verbunden ist. Wir sind also genötigt, von Anfang an den Weg zu uns selbst an einem Punkt ansetzen, von dem aus wir erkenntnis-mäßig zum Wirklichkeitsrahmen geführt werden, in dem der Mensch nicht nur sich selbst *verstehen* kann, sondern darüber hinaus darin sein eigentümliches Zuhause *erkennt* und *dementsprechend weiß*, wie er sich in diesem Rahmen verhalten *soll* und wie er darin sein Leben führen *soll*. Darin besteht die gültige und verbindliche Grundlage für die Hoffnung auf friedliches gemeinschaftliches, gesellschaftliches und somit inter-nationales Zusammenleben.

Dieser Weg ist der Weg des **Philosophierens**, der die **philosophierende Person** zur gültigen Selbst-Erkenntnis führt und dabei persönliche Verbindlichkeit und persönliche Verpflichtung, wie auch persönliche Verantwortung dem eigenen Selbst und der Um-Welt gegenüber zum Ausdruck bringt. So ist das, was als die Frage nach der persönlichen Identität, wie auch als die Frage nach dem persönlichen Lebensinn bezeichnet wird, nichts anderes als *die Bestimmung der Art der Lenkung und der Art der Führung des Lebensflusses eines Menschen*, was an sich nichts anderes ist als **das individuelle, persönliche Leben eines Menschen**.

Der Kreis des Nachdenkens über das eigene Leben, der mit dem Bedürfnis nach der gültigen Selbst-Bestimmung beginnt, will uns von unserer gängigen Selbst-Deutung zur gültigen und persönlich verbindlichen Selbst-Erkenntnis führen. Dieser Weg ist nichts anderes als der **Weg der Aufklärung**. Immanuel Kant hat eindeutig, sehr genau und unmissverständlich die Forderungen formuliert, die einen derartigen Lebensweg ermöglichen:

„Aufklärung ist der Ausgang des Menschen aus seiner selbst verschuldeten Unmündigkeit. Unmündigkeit *ist das Unvermögen, sich seines Verstandes ohne Leitung eines anderen zu bedienen. Selbstverschuldet* ist diese Unmündigkeit, wenn die Ursache derselben nicht am Mangel des Verstandes, sondern der Entschließung und des Mutes liegt, sich seiner ohne Leitung eines anderen zu bedienen. **Sapere aude! Habe Mut, dich deines** *eigenen* **Verstandes zu bedienen!** Ist also der Wahlspruch der Aufklärung"".[58]

Und doch hat sich der Mensch in dieser Welt voller Leid und Enttäuschungen zu bewähren. Und darin besteht seine Größe. Am deutlichsten – und das nur nebenbei bemerkt –, am deutlichsten kann der Mensch seine Grenze wie seine Größe in dem erfahren, was man die

reine und selbstlose Liebe nennt. Wer unter der Macht einer solchen Liebe steht, kann am deutlichsten, aber dann auch am schmerzlichsten erfahren, was es heißt, unvollkommen zu sein. Andererseits aber erfährt der Mensch, trotz des Leides, in ihr Glück und Weltfreude, für die er kein Himmelreich geben würde. Das heißt Irdisch-Sein im tiefsten Sinne des Wortes. Und es ist kein Zufall, dass gerade darin die Ewigkeitsdimension in dieser Liebe besteht.

---

[58] Beantwortung der Frage: Was ist Aufklärung? In: Was ist Aufklärung? Hrsg. Von Ehrhard Bahr, Stuttgart 1974, S. 9; von mir betont

Der Mensch erfährt diese Vermutung oder diese Ahnung auf eine besondere Weise: *Er verlangt nach Sinn für sein Bestehen.* Der Mensch beobachtet, dass alles in der Welt den Sinn seines Bestehens in sich selbst birgt. Nur er nicht. Alles ist das, was es ist, und kann auch anders gar nicht werden oder sein.

Der Mensch ist das einzige Wesen im Rahmen der Wirklichkeit, das sein Leben gestalten und ihm Richtung geben kann: *Er allein hat die Fähigkeit, zu wachsen.* Und die Fähigkeit zu wachsen, die Fähigkeit des Menschen, Schmied seines Glücks zu sein, setzt ihn in *unmittelbare* Beziehung zum Wirklichkeitsganzen und somit zur Transzendenz.

*Wachstum als Offenbarung des Konstanten des Menschen in ihm bedeutet nichts anderes als der Prozess der Überführung des Scheinbaren, des Relativen und des Zufälligen am Menschen **ins Wahre, Notwendige und Absolute**.* Es ist ein Prozess, in dem sich der Mensch des ursprünglichen Ganzen seines Wesens zunehmend bewusst wird und sich damit in die Wahrheit erhebt.

Wachstum ähnelt somit dem Übergang von der Nacht zum Tag. Die Offenbarung des Konstanten (in diesem Fall die sichtbare Welt) schreitet immer weiter voran, es wird immer heller bis zum vollen Tag. Und das, was sich da nun offenbart, erweist sich als *das* Vertraute. Genauso ist es auch mit dem wahren Selbst als Ich: Zunächst ist es vollkommen in der
Dunkelheit verborgen, jedoch allmählich, im Laufe des Wachstums, erweist es sich als *das* Vertrauteste überhaupt!

Was während des Wachstums geschieht, ist eigentlich *die Erhebung des Individuums auf eine höhere Ebene, auf der sich die Herstel-*

lung der ursprünglichen Einheit zwischen dem vereinzelten Menschen und der Wirklichkeit im Ganzen vollzieht. Dabei geht es nicht bloß um die Erhebung des Menschen zu einem höheren Bewusstseinszustand, sondern um die Erhebung des Menschen selbst über sein empirisches Erscheinungsbild, d.h. um die Erhebung des empirisch-konkret bestimmten Menschen über sich selbst in die ihm transzendente Ganzheit der wahren Wirklichkeit.

Durch diese Erhebung vollzieht sich nicht nur die Verwandlung des Individuums, sondern notwendigerweise auch die Verwandlung der begrenzten Welt, in der dieses Individuum lebt (seine menschliche und nicht-menschliche Umwelt). Denn Wachstum besteht in der Verwandlung des Individuums wie auch der Welt, eine Verwandlung, die darin besteht, beide, Individuum und Welt, in die beiden transzendente umfassende Wirklichkeit zu verankern und so beide in die ihnen gemeinsame umfassende Einheit zu setzen.

Diesen Prozess können wir anhand eines Beispiels verdeutlichen: Ein Mensch, der durch die Straßen einer Stadt geht, sieht nur die Häuser der Straße, die er entlanggeht. Dabei bekommt er kurze Einblicke in die Seitenstraßen, die er überquert. Wenn dieser Mensch nun einen höheren Standpunkt einnimmt, von dem aus er auf die ganze Stadt hinunterblicken kann, wird er diese Stadt insgesamt viel besser überblicken können, auch wenn er von diesem Standpunkt aus noch nicht alle Straßen und Plätze vollkommen überblicken kann.

Das kann ihm erst dann gelingen, wenn er die Stadt aus der Luft betrachtet: Von hier aus kann er auch die Umgebung der Stadt, die Straßen, die aus der Umgebung auf sie zuführen, überblicken. Die

"Stadt" des Anfangspunktes ähnelt kaum der Stadt des Endpunktes der Betrachtung. Nicht nur, dass sein Bewusstsein von der Stadt sich ganz wesentlich geändert hat, sondern auch das, was er für die "Stadt" hielt, hat sich wesentlich geändert.

Wachstum stellt eine *erkenntnismäßige* Verwandlung des Individuums dar, in dessen Vollzug es sich in die Wirklichkeit insgesamt eingliedert. Im Laufe dieses Prozesses ändert das Individuum seine existentielle und emotionale Beziehung zu seiner Welt (seine menschliche und nicht-menschliche Umwelt), was nicht ohne Wirkung auf diese Welt bleibt: *Es ist eine immer intensiver werdende erkenntnismäßige Bestimmung sowohl der menschlichen wie der nicht-menschlichen Realität.*

Das Wachstum bedeutet also nichts anders als *sehend* werden: Das Aufscheinen dieses Endgültigen bedeutet, dass es ein "Licht" gibt, das die Wahrheit aufscheinen lässt und so *mich selbst* im Lichte der Wahrheit sehen lässt. Der Grad dieses Wachstums heißt *Reife,* und die Tatsache des Wachsens, also das Wachstum selbst, heißt *Fortschritt.*

Diesen Wachstumsgedanken möchte ich im Folgenden weiter präzisieren und mittels zweier "Bereiche" verdeutlichen, in denen der Mensch Wachstum in seiner reinsten Gestalt und in seinem tiefsten Sinn erfährt oder zumindest erfahren kann: Gemeint sind die Liebe und der religiöse Glaube.

4. Mit der Erwähnung der Liebe und des religiösen Glaubens soll verdeutlicht werden, was Wachstum eigentlich bedeutet. Die zwei sind nicht zufällig in einem Atemzug genannt worden, sie sind aber *nicht gleichwertig.*

Wodurch zeichnen sich also die Liebe und der religiöse Glaube aus, und warum stellen sie den stärksten Impuls zum Wachstum und des Wachstums dar?

In beiden Fällen handelt es sich um etwas, das das Individuum zu seiner *persönlichen menschlichen Eigentlichkeit* erweckt. Denn in beiden Fällen handelt es sich um eine persönliche Beziehung, in der und durch die die *echte Individualität konstituiert* wird.

Echte Liebe und echter religiöser Glaube beruhen auf persönlicher Begegnung, die im Betroffen-Sein intensivster Art besteht. *Der Mensch ist einer Macht begegnet, die ihn ganz "erobert" hat – das ganze Herz und das ganze Ich. Die Totalität der Liebe und des Glaubens ist Folge der verzehrenden und erschütternden Intensität der Liebes- und Glaubensforderung. Sie lässt für anderes einfach keinen Raum.*

„Forderung" – denn diese Macht fordert den Menschen auf, *sich zu bewähren*, d.h., sie drängt ihn zur *Verbindlichkeit* und so zu sich selbst. Er muss sich ihr zur Bewährung aussetzen. Und er muss es tun, weil das, was er da erfährt, das berührt, was ihn *unbedingt* angeht, was ihm *am Ursprünglichsten* ist, nämlich *er selbst.*

Und wenn diese Liebe und dieser Glaube lebendig sind, dann sind sie eines steten Wachstums nicht nur fähig, sondern ihm auch unterworfen, und dieses Wachstum drückt sich darin aus, dass das *spezifisch Individuelle am Menschen als Ich* immer mehr Gestalt annimmt: Die Äußerung der Gesamthaltung eines Menschen, der von der Liebe oder vom Glauben erfüllt, getrieben und motiviert wird, ist dann *in ihm selbst begründet* und kann *nicht* einfach als Anpassung an die Umwelt oder einfach als Reaktion auf sie und auf ihre Forderungen gelten.

So gesehen, stellen Liebe und Glaube, jeder an und für sich, den Inbegriff eines *neuen Lebens* dar, gewissermaßen eine neue, *zweite Schöpfung des Menschen.* Und das ist so und kann so sein, weil die Liebe wie der Glaube sich in jeder Hinsicht als *ein ursprüngliches Etwas in unserem Bewusstsein zeigen. Das heißt, sie zeigen sich als etwas, das nicht abgeleitet oder vermittelt ist, sondern als etwas, das* **Ursprünglichkeit** *und* **Unmittelbarkeit** *aufweist*: Dieses Etwas durchdringt und begründet das Gefühl, das Bewusstsein und den Willen, folgt aber nicht aus ihnen.

Diese Begegnung mit dem Geliebten oder mit Gott schafft eine ganz neue Situation im Leben des Individuums: Indem der Mensch einsieht, dass das, was das neue Leben stiftet, ihn transzendiert, besteht für ihn *die Notwendigkeit, sich auf diesen für ihn endgültigen Sinnhorizont zu beziehen; es besteht für ihn dann die Notwendigkeit, sich auf das Ganze hin zu transzendieren, das für ihn nun als Wirklichkeit gilt und das ihm seine eigene Wirklichkeit stiftet, d.h. ihn selbst wirklich macht.*

Das alles bedeutet jedoch für ihn **zunächst, sich selbst in Frage zu stellen**, ja sich selbst gewissermaßen aufzugeben. Denn diese notwendige Bezugnahme auf den endgültigen Sinnhorizont setzt einen sehr hohen Grad an Orientierungsfähigkeit in einer Wirklichkeit voraus, in die er gerade hineingeboren worden ist. Die Liebe und der Glaube, wenn sie ernst genommen werden, weisen den Menschen zunächst auf seine "Nichtigkeit" und seine „Kreatürlichkeit" hin. Daher lösen sie einen Lernprozess aus, bzw. gehen in einen Lernprozess ein, der nicht bloß zu Verhaltensänderungen führen soll, sondern zur Formung des ganzen Alltagslebens in Gedanken, Worten, Gefühlen und Handlungen.

Es gehört zur Natur echter Liebe und echten Glaubens, dass die "Nichtigkeitsgefühle" und „Kreatürlichkeitsgefühle", die sie erwecken, den Menschen nicht erdrücken, sondern ganz im Gegenteil ihn trotz aller Unsicherheit aufrichten und ihn sich selbst finden lassen – ihn also *wachsen* lassen.

Die Begegnungserfahrung mit dem Geliebten oder mit Gott verlegt das Zentrum des Selbstverständnisses des Individuums *von der Subjektivität zur Wirklichkeit* und bewirkt dadurch die zunehmende Umstrukturierung seiner Wahrnehmungsfähigkeit und seines Wahrnehmungsfeldes, was sich in bestimmten Lebensformen und Verhaltensweisen ausdrückt.

Wichtig ist aber die Voraussetzung für diese Praxis: der durch diese Erfahrung in Gang gesetzte *Lernprozess*. Denn sowohl Lieben als auch Glauben *muss gelernt werden*. Der Mensch muss lernen, wie er lieben und wie er glauben soll, d.h., wie er damit umgehen soll. Er muss lernen, dass er nicht jedes Liebesgefühl und jede Liebesneigung pflegen darf, ohne sich zu fragen, ob diese Liebe für ihn sinnvoll ist und seinem Wesen gemäß ist. Er muss sie gestalten und sich überlegen, ob er sie unbedingt erfüllen muss oder ihr die Erfüllung verweigern soll und verweigern muss. Eine echte und reife Liebe ist, wie echter und reifer Glaube, eine mühsam eingeübte Haltung des Menschen der Welt gegenüber. Das bloße "Gefühl" der Liebe und das bloße "Gefühl" des Glaubens kann beim Menschen eine wilde innere Erregung von dämonischen Dimensionen entfachen, die für ihn *nur noch die Selbstzerstörung bedeuten kann*.

Diese Möglichkeit der Selbstzerstörung eines Menschen und der Gefährdung seines Mensch-Seins bei seinem Versuch, sich selbst zu verwirklichen und endlich glücklich zu sein, wirft uns zum

Wachstumsprozess zurück. Diesen Prozess können wir auch die Begegnung des Menschen mit seinem "Schicksal" nennen. Denn ausschließlich im Wachstum kann der Mensch sein eigenes "Schicksal" und somit sein eigenes Glück schmieden. *In jeder anderen Hinsicht ähnelt der Mensch einem Blatt im Wind. Denn nirgends sonst hat der Mensch die Freiheit der Entscheidung, und nirgends sonst erfährt er sie so wie im Entschluss zum Wachstum.*

Der Zugang zur Wahrheit und zur Wirklichkeit setzt *Freiheit* voraus und bedeutet für uns Freiheit: Wir können uns selbst nur in der *Freiheit der Entscheidung* (etwa des Glaubens oder der Liebe) erschließen. In der *Freiheit der Entscheidung* erfährt der Mensch seine *Selbstverantwortung*. Daher kann eine richtige Entscheidung, also die Entscheidung zum Wachstum, als der Zugang zu seinem wahren und wirklichen Selbst gelten.

Diese Freiheit der *Entscheidung* (Freiheit der Entscheidung und nicht bloß Freiheit der Wahl) ist wesentlich für die Konstitution des Individuums. Denn *in dieser Entscheidung geht* es *darum, den Schein aufzuheben und das Wahre sichtbar zu machen, damit der Mensch zu seinem eigenen Wesen kommt.* **Im Vollzug dieser Verwandlung seines Selbst und der Welt** besteht die **echte Freiheit**.

Es muss hier betont werden, dass diese Freiheit *nur dann* bestehen kann, *wenn* diese Entscheidung *bedingungslos* ist. Diese Entscheidung gewährt kein „reiches, schmerzloses, süßes, gutes Leben" und sie ist auch keine Grundlage für irgendeinen "rechtlich einklagbaren Lohn". Denn nur so, d.h. *bedingungslos, kann eine* **echte Individualität** *tatsächlich konstituiert werden*.

Das ist auch der Grund, warum wir die Betonung auf die Freiheit der Entscheidung und nicht auf die "Freiheit der Wahl" legen. Die Freiheit der Wahl ist erstens eine bedingte Freiheit, und zweitens steht das Objekt der Wahl in ihrem Zentrum. *Die Freiheit der Entscheidung hebt die Verantwortung des Individuums für sein Tun und somit für das persönliche Wesen dieses Individuums hervor.* Eine Entscheidung ist immer eine Entscheidung zu sich selbst, deshalb ist sie auch *verbindlich.* Nur deshalb können wir uns in der Freiheit der Entscheidung selbst erschließen.

Eine ernsthafte Auseinandersetzung mit dem "Schicksal" führt notwendigerweise zur Einsicht, dass es *nur gewisse entscheidende Augenblicke* sind, in denen der Mensch zur *wahren* Freiheit gelangen kann. Sieht er das ein, erkennt er diese Augenblicke und nimmt er sie wahr, "dann hat er eine Frage frei an das Schicksal" (Schiller). Und was heißt das denn, wenn nicht diese tatsächliche Möglichkeit, *ins wesenhafte Selbst durchzubrechen, es zu erhellen und wirksam zu machen* – mit einem Wort: zu wachsen?

Diese Augenblicke sind Augenblicke der Geburt des wahren Ichs, das als solches Anteil an der wahren, endgültig bestimmten Wirklichkeit hat. ***In dieser Selbstüberführung vom Scheinbaren und Zufälligen zum Wahren und Notwendigen erhebt sich der Mensch über alles Zeitliche.*** "Er selbst" bleibt zwar sterblich, hat aber kraft der Tatsache, dass er "er selbst" *ist*, teil an der *ewigen Gegenwart der Wahrheit und der Wirklichkeit.*

Diese Überführung heißt, vom *Standpunkt des Individuums* aus "Wachstum", sie heißt jedoch "Fortschritt", wenn man sie vom *Standpunkt der Wirklichkeit oder von dem der Wahrheit* aus betrachtet. Das Wesen des Fortschrittes besteht im ***Verweilen auf der***

Insel der Ewigkeit im Zeitlichen. Zugang zu dieser Insel kann sich der Mensch allerdings *nur* über sein *eigenes Wachstum* verschaffen.

5. Die Stellung eines jeden Wirklichen im Rahmen der Wirklichkeit als Ganzes verleiht ihm seine Identität und seine Eigentümlichkeit. Der Mensch ist die einzige Entität im Wirklichkeitsganzen, die eine Welt *hat*, was ihn, aller Erfahrung zum Trotz, zum falschen Schluss führen kann, dass er das Zentrum der Welt – der Wirklichkeit – darstelle.

Der Erkenntnisprozess und das mit ihm verbundene Wachstum zeigen jedoch dem Menschen den wirklichen Weg zur wesensmäßigen Eingliederung in die Welt. Dieses „Wesensmäßige" bringt die Eigentümlichkeit des Menschen zum Ausdruck: Er ist die einzige Entität, die seine *individuelle, persönliche Beschaffenheit* mit dem *allgemein bestimmten Mensch-Sein* in Einklang nicht nur bringen kann, sondern bringen *soll*.

In diesem In-Einklang-Bringen von Persönlichem und Wesentlichem besteht die Aufgabe des individuellen, persönlichen Menschen – die einzige Art, die es gibt. Darin ist das individuell persönliche Sollen begründet.

Die Bestimmung der persönlichen Aufgabe, der persönlichen Art der Verwirklichung des Menschen, bringt den Menschen in unmittelbare Beziehung zum Wirklichkeitsganzen und so zur Transzendenz, die mit dem Wirklichkeitsganzen *wesensmäßig* (in beiden Richtungen: Wirklichkeit und Transzendenz) eine hermetisch geschlossene Einheit bilden.

Diese streng geschlossene Einheit von Wirklichkeit und Transzendenz ist vom Standpunkt des *erkennenden Subjekts* aus notwendig: Beide setzten einander auf eine *notwendige* Weise voraus.

Was besagt das aber? Wären wir in der Lage, die Wirklichkeit gewissermaßen „von außen" zu betrachten, könnten wir ihr Bestehen als „zufällig" finden?

Die Ausdrücke „Zufall" bzw. „zufällig" sind *weder* auf ein einzelnes Wirkliches *noch* auf die Gesamtwirklichkeit anwendbar. Bezüglich eines einzelnen Wirklichen zu sagen, dass es „zufällig" geschieht oder „zufällig" besteht, bedeutet, dass es *für uns keine erkennbare* Ursächlichkeit, kein Gesetz, keinen Willen, keine Absicht gibt, die uns dieses Wirkliche „sinnvoll" *erkenntnismäßig* einordnen ließe. Es gibt *uns im Zusammenhang unserer Beobachtung keinen erkennbaren Grund* das Geschehen bzw. das Bestehen eines Wirklichen festzustellen.

Die Ausdrücke „Zufall" und „zufällig" beziehen sich im Rahmen der Wirklichkeit *nicht* auf das einzelne Wirkliche, sondern *nur und ausschließlich* auf *unseren Erkenntnisstand*. Im Rahmen der Wirklichkeit gibt es nichts Zufälliges und kann es dies auch nicht geben. Anderenfalls könnten wir weder von Wahrheit noch von Wirklichkeit sprechen.

Von dem Ganzen der Wirklichkeit als „zufällig" zu sprechen, hat *von Anfang an keinen Sinn*, denn die Wirklichkeit in ihrem Ganzen umfasst per definitionem *jede erkennbare Ordnung* in sich. *Die Wirklichkeit als die Wahrheit ist nicht hinterfragbar!*

Auch wenn wir die Wirklichkeit etwa als von Gott geschaffen verstehen, bekommen wir dabei *gar keine* Information über den „Sinn" der Erschaffung der Wirklichkeit. Das einzige, was wir gegebenenfalls sagen können, ist, dass die Wirklichkeit von Gott geschaffen ist – und *nicht mehr!* Dabei bleibt die Frage „Warum?" in Bezug auf das Bestehen des Wirklichkeitsganzen ein *sinnloses, nichts-aussagendes* Aneinanderreihen von Wörtern.

6. Oben, Punkt 3, Absatz 3, war die Rede davon, dass der Mensch nach dem Sinn für sein Bestehen verlangt. Den *Sinn* des Bestehens von etwas zu erfassen, können wir erst dann, wenn wir den *Grund* des Entstehens dieses Etwas erkennen.

Grund ist der Ausdruck von *Absicht und Willen*, die beide den Vollzug einer Tat oder das Bestehen von etwas als Produkt einer Tat mit Sinn beladen und erfüllen, also *sinn-voll* machen.

Insofern unterscheidet sich der *Sinn des Bestehens* von etwas von dem *Wesen* dieses Etwas. Das Wesen bezeichnet das, was eine konkrete Sache als das, was sie ist, *verständlich* macht: Eine Sache wird uns erst dann verständlich, wenn wir einsehen, worin die Wirklichkeit (das „Sein") dieser Sache besteht und wie diese Wirklichkeit konkret-individuell getragen wird.

Der *Sinn* des *Bestehens* von etwas ist grundsätzlich aus dem *Wesen* dieses etwas zu entnehmen. Der *Grund* des *Entstehens* dieses Etwas bestimmt sein Wesen, und die Verwirklichung dieses Wesens verleiht dem Bestehen dieses Etwas seinen konkreten Sinn.

Bei den vom Menschen produzierten Dingen besteht bezüglich der Sinnfrage kein Problem: Wir wissen genau, warum wir etwas produzieren; das Wesen dieses Etwas besteht somit in der Funktion dieses Etwas, und der Sinn des Bestehens dieses Etwas besteht in der Verwirklichung dieser Funktion.

Wenn wir vom Menschen absehen, wissen wir nicht, worin das Wesen von irgendetwas (Vogel, Stein, Baum, und dgl.) besteht. Wir können deshalb auch nicht wissen, welchen Sinn das Bestehen dieser Dinge hat. Wir wissen *nur*, dass der Sinn des Bestehens dieser Dinge, in diesem Bestehen selbst gründet. Schließlich *kann keines dieser Dinge*, ob ein Lebendiges oder ein Stück leblose Materie, *anders sein als das, was es tatsächlich ist*.

Wir schreiben zwar oft solchen Dingen eine bestimmte Funktion im System der Natur – der lebendigen und die leblosen – zu. Dabei geben wir dem Bestehen dieser Dinge eine bestimmte *Bedeutung*, jedoch *nicht den Sinn des Bestehens* dieser Dinge.

Wie wir wissen, sprengt der Menschen die Grenzen der Natur. Er stellt von Anfang an eine ganz andere Seinskategorie dar. Die zentrale Frage des Menschen ist nicht, „Warum existiere ich?", sondern, „Wie soll ich mein Leben so führen, damit dieses Leben einen objektiven Sinn bekommt?". Der Mensch muss sich also *sich selbst annähern* und *sich selbst verstehen*, um das zu sein, was er als Mensch sein soll und was er als eine bestimmte Person verwirklichen soll.

7. Die eben besprochene Unmöglichkeit der Einsicht in das Wesen der natürlichen „Dingen" ist grundsätzlich, hat jedoch eine große Ausnahme, die die Regel nur bestätigt: ***der Mensch***.
Was den Menschen von allem anderen Lebendigen auszeichnet, ist die Tatsache, dass er ein denkendes, also ein *selbst-bewusstes* We-

sen ist. Das Bewusst-Sein des Menschen besteht darin, dass er sich seine Erfahrung (im Sinne des Inhalts des Bewusstseins) auf *denkende* Weise verschafft. *Sein Bewusst-Sein ist mit dem Selbst-Bewusstsein identisch.*

Das bedeutet, dass seine Erfahrung mit seiner Wahrnehmung *nicht identisch* ist und *nicht identisch sein **kann***: Das menschliche Bewusstsein schließt *von vornherein* die Möglichkeit *jeder Art* von *unmittelbarer* Erfahrung aus, d.h., *jeder Art* von **unmittelbarer** Gegenwart, *jeder Art* von **unmittelbarem** Hier und Jetzt.

Konkret bedeutet das, dass der *Mensch als solcher* seine Stellung *immer in einem umfassenderen Zusammenhang* als bloß im Hier und Jetzt bestimmen *muss*. Das Bewusstsein bedeutet nicht einfach die grundsätzliche Unmöglichkeit des unmittelbaren Hier und Jetzt und so die grundsätzliche Unmöglichkeit des unmittelbar Erlebten, sondern das Bewusstsein als Selbst-Bewusstsein setzt den Menschen gleichzeitig in einen viel umfassenderen Zusammenhang: *Der Mensch befindet sich **nicht** einfach **in** der **Welt** – der Mensch, und nur er, hat eine Welt.*

Und da menschliches Bewusstsein *notwendigerweise Selbst-*Bewusstsein ist, ist **der Mensch allein ein Einzelner im eigentlichen Sinne**: *In der Welt ist Einzelheit im eigentlichen Sinn etwas ausschließlich Menschliches*: Nur der Mensch ist ein Individuum im eigentlichen Sinne, *nur der Mensch besitzt Individualität*, die eigentümliche Eigenschaft seiner *Persönlichkeit*. Und wenn die Einzeldinge, von denen wir oben gesprochen haben, tatsächlich einzeln sind, so sind sie es *nur deshalb*, weil *der Mensch* sie so bestimmt hat.

Diese Eigentümlichkeit des Menschen kommt herausragend zum Ausdruck in seinem geschichtlichen Bewusstsein: Ist ein Mensch ohne *Vorgeschichte* vorstellbar? Jeder Mensch trägt in sich nicht nur die gemeinschaftliche Geschichte der Menschheit, sondern besonders seine eigene Familiengeschichte und seine persönliche Geschichte, die irgendwie, je nach Person, wenn auch nicht oder nicht ganz bewusst, beide anderen Geschichtsabläufe in sich enthält.

Die Tatsache, dass der Mensch sich nicht einfach in der Welt befindet, sondern dass er eine Welt *hat*, deutet darauf hin, dass es bei ihm *keine* instinktive Eingliederung in diese Welt gibt. Mit „Instinkt" bezeichnet man die angeborene, naturgegebene Fähigkeit eines Lebewesens zur Durchführung einer bestimmten Tätigkeit auf eine genaue und gewissermaßen automatische Art als Reaktion auf einen sehr spezifischen Reiz.

Wichtig zu beachten ist die Tatsache, dass diese Fähigkeit in die Morphogenese des Organismus selbst eingegliedert ist, also eine *angeborene und ererbte* Fähigkeit ist. Das heißt, diese Fähigkeit kann weder als Produkt von Erfahrungen noch als Produkt von Lehrvorgängen betrachtet werden, obwohl diese beiden zur Spezialisierung dieser Fähigkeit nötig sind.

Mit „Instinkt" meint man also die Fähigkeit eines Lebewesens, ohne klar bestimmte Absicht, nach Naturgesetzen, zwangsläufig, also nach innerem Zwang, gewissermaßen automatisch bestimmten, sich immer wiederholenden Situationen auf genau die gleiche Weise zu begegnen oder auf eine gleiche Weise bestimmte, immer gleiche, wiederholende Gebilde hervorzubringen. Eine innere Nötigung zwingt das Lebewesen, für sich als Einzelwesen sowie für seine Art „das Richtige" zu tun.

Es ist wichtig im Zusammenhang dieser Erörterung der Frage nach dem Wesen des Menschen sich zu vergegenwärtigen, dass das menschliche Bewusstsein als Selbstbewusstsein *keinen Verlust an Unmittelbarkeit* darstellt, weder in der Möglichkeit der Erkenntnis noch in der Möglichkeit des Verhaltens des Menschen.

Bewusstsein bzw. Selbst-Bewusstsein wie auch Mensch-Sein sind *ursprüngliche* und *keine dem Tier-Sein des Menschen additiven Faktoren*. Der Mensch ist nicht „Tier + Selbstbewusstsein" oder „Tier + Denken". *Es gibt keine Möglichkeit*, zwischen Mensch-Sein und Selbst-Bewusstsein zu unterscheiden. Der Mensch ist weder Selbst-Bewusstsein, noch hat er Selbst-Bewusstsein: *Der Mensch ist ursprünglich selbst-bewusst*.

Das ist auch der Grund, warum das menschliche Bewusstsein *nicht als Produkt* einer *evolutionären Entwicklung* gelten kann. Ich weiß nicht, welche entscheidenden Ereignisse es in der Geschichte der Primaten gab. In einem bin ich mir aber sicher: Die „Entwicklung" des menschlichen Bewusstseins kann es nicht gewesen sein. Und auch *wenn* es tatsächlich so gewesen wäre, auch *dann* wäre ein solcher Übergang *für uns unbegreiflich*: *Für uns, als Erkennende, ist der Mensch als Mensch entweder ganz oder gar nicht da*.

Was Bewusstsein eigentlich bedeutet und warum es *logisch* nicht als Produkt einer evolutionären Entwicklung gelten kann, das ist schon in den grundlegenden Teilen des Systems klar geworden: Bewusstsein ist Teil einer „Zaubereinheit", die in sich insgesamt *Denken*, *Bewusstsein*, *Sprache*, *Erfahrung* und *Subjekt* umfasst.

Wir haben betont, dass die Beziehung zwischen „Denken" (in beiden ausgeführten Aspekten), „Bewusstsein", „Sprache", „Erfahrung" und „Subjekt" nach dem Grundsatz „alles oder nichts" bestimmt ist: Das Fehlen des einen lässt die anderen schlagartig verschwinden.

Dies sind nicht einfach notwendige Momente einer umfassenden Einheit, sondern *jedes von ihnen trägt die gesamte Einheit und die gesamte Einheit prägt von vornherein die Eigentümlichkeit eines jeden von ihnen*.

Das ist auch der Grund, warum sie alle eine „Zaubereinheit" bilden, *die in jedem von ihnen immanent* vorhanden ist: Mit der Aufhebung eines jeden von ihnen wird die ganze Einheit aufgehoben, was unter anderem zu der „Lösung" des Problems der selbstständigen Erscheinung dieser Momente nach einer Entwicklungstheorie verleitet und verführt.

Menschliches Bewusstsein ist, wie wir schon wissen, *immer und notwendigerweise* Selbst-Bewusstsein. Konkret heißt das, dass *der Mensch zugleich Erkenntnis-Subjekt und Erkenntnis-Objekt ist.*

Das bedeutet *nicht nur* die Fähigkeit, **sich selbst zu bestimmen** *und zugleich auch die Fähigkeit* **bestimmbar zu sein**, sondern es bedeutet, dass die *Bestimmtheit* des Menschen *in jedem momentanen Stadium seiner Existenz* seine Bestimmung*stätigkeit* als *Subjekt* und gleichzeitig seine *Bestimmbarkeit* als *Objekt* dieser Bestimmungstätigkeit *voraussetzt.*

Mit anderen Worten heißt das: *Indem und insofern der Mensch sich seiner selbst bewusst ist, ist er sich selbst in seinem Dasein ständig voraus.* Oder anders formuliert: Das Sich-Vollziehen der *Bestimmtheit* des Menschen, d.h. das momentan gegebene Dasein eines faktischen Ichs, eines vereinzelten und einmaligen Menschen, ist von der Bestimm*barkeit* dieses Menschen und von dem *Vollzug* der Bestimmung*stätigkeit nicht nur* nicht zu trennen, sondern *gar nicht zu unterscheiden.*

*Die Bestimm****barkeit*** *kommt hier nicht zur der Bestimm****heit*** *hinzu: Diese Bestimmbarkeit ist immer schon in der Bestimmtheit des menschlichen Daseins wirksam!*

Und diese Tatsache bedeutet in letzter Konsequenz, dass es *grundsätzlich keine vollendete Bestimmtheit des Menschen in seinem konkreten Dasein geben kann*, obwohl er danach strebt, diesen Zustand zu erreichen: Das ist es, was mit dem *Streben nach Glück* gemeint ist.

Diese Tatsache macht klar, warum der Mensch als Mensch entweder ganz oder gar nicht da sein kann und warum der Grund für die Erzeugung und Abstammung des Menschen nicht bloß Natur und sein Tier-Sein sein kann, sondern Denken (im systematischen Sinne) und die von ihm bestimmte persönliche Individualität: *„Der Mensch ist das an sich seiende Glied der Natur, in dem das Fürsichsein aufbricht, so dass es sich über sein Ansichsein frei erheben kann".* [4]

Wenn wir also das Wesen des Menschen, das spezifisch Menschliche bestimmen wollen, so ist es nicht in einem „Faktor" zu suchen, der zur Natur und zum Tier-Sein des Menschen hinzukommt, sondern es ist in der *ursprünglichen Bestimmtheit* des Menschen zu suchen, also in der *zweiten* „Zaubereinheit", die *„Bestimmtheit-Bestimmbarkeit-Bestimmungstätigkeit"* heißt.

Und das heißt, dass diese Bestimmtheit sich nicht auf etwas zurückführen lässt, was sie selbst nicht ist: Sie ist in sich durch eine *grundlegende Beziehung und Beziehungssetzung* bestimmt, sie ist also *Denk-Tätigkeit.*

Konkret bedeutet das, dass das Individuum nicht „ableitbar" ist: Das Individuum, wie es sich selbst wahrnimmt, kann sich *nur aus sich selbst* in seiner *Einmaligkeit* verstehen. Oder anders ausgedrückt: Ein Individuum ist erst dann ein Individuum im ursprünglichen und eigentlichen Sinne, wenn seine *konkrete Bestimmtheit durch seine permanente Bestimmbarkeit und durch seine Selbstbestimmungstätigkeit* wesentlich geprägt ist. Diese seine Bestimmtheit *ergibt sich* dann aus der Beziehung des Bestimmbaren zu seiner Bestimmung, die *nur* unter der Voraussetzung *dieses* Bestimmbaren *denkbar* ist.

So gesehen ist das Dasein des Menschen von vornherein durch eine Diskrepanz zwischen seiner gegenwärtigen und seiner – noch nicht bestehenden – vollendeten Bestimmtheit geprägt und charakterisiert. Diese vollendete Bestimmung wird er zwar in seinem Leben nie erreichen können, sie ist aber trotzdem seine *ontologische*, also seins-mäßige Bestimmung als dieses einmalige konkret lebende

Individuum. *Darin besteht auch der Sinn seines Lebens,* im Unterschied zu einem Sinn, den es selber in seinem Leben punktuell bestimmen kann (Arbeit, Hobby und dergleichen).

Dieser oben genannte Zwiespalt und das Streben, ihn zu überwinden, ist Ausdruck des menschlichen Wesens, das in der zweiten „Zaubereinheit" besteht – oder genauer gesagt: in der ersten „Zaubereinheit", die die zweite in sich *logisch-deduktiv* enthält. Und in dem Maße, in dem der Mensch bestrebt ist, diesen Zwiespalt zu überwinden, verwirklicht er sein Wesen und erfüllt damit zugleich seine ontologische, d.h. seine seins-mäßige Bestimmung, die er für sich nicht beliebig bestimmen kann.

In diesem Zusammenhang ist es wichtig einzusehen, dass die hier besprochene Unterscheidung zwischen Bestimmtheit und Bestimmbarkeit in Bezug auf den Menschen wie auch der Übergang von dieser Bestimmbarkeit zur Bestimmtheit nicht einfach mit der Unterscheidung zwischen „Möglichkeit" und „Wirklichkeit" gleichzusetzen ist.

Der Unterschied zwischen Möglichkeit und Wirklichkeit einerseits und zwischen Bestimmbarkeit und Bestimmtheit andererseits ist gleich dem Unterschied zwischen *Entwicklung* einerseits und *Wachstum* andererseits: Die menschliche Entwicklung ist der tierische Träger des menschlichen Wachstums.

Der Übergang von der Möglichkeit zur Wirklichkeit betrifft den Menschen als menschliches *Lebewesen.* Die „Zaubereinheit" „Bestimmtheit-Bestimmbarkeit-Bestimmungstätigkeit" betrifft den Menschen als *Menschen.*

Abgesehen davon, ist es für das Verhältnis Möglichkeit-Wirklichkeit wesentlich, dass man in jedem Stadium der Entwicklung zwischen beiden als Möglichkeit und als Wirklichkeit deutlich unterscheiden kann.

Bei dem Verhältnis zwischen Bestimmtheit, Bestimmbarkeit und

Bestimmungstätigkeit ist es anders: Das *Sich-Vollziehen der Bestimmtheit* ist von der *tatsächlichen Bestimmbarkeit* und dem *Vollzug der Bestimmungstätigkeit* **nicht zu unterscheiden.**

Das heißt, die Bestimmbarkeit geht nicht durch die Bestimmungstätigkeit zur Bestimmtheit über und hört damit auf, Bestimmbarkeit zu sein.

Die Bestimmbarkeit ist *immer schon* in der *Bestimmtheit* latent *wirksam* und umgekehrt: *Die Bestimmbarkeit drängt mit Notwendigkeit zur Bestimmtheit.*

6. Oben, Punkt 3, Absatz 3, war die Rede davon, dass der Mensch nach dem Sinn für sein Bestehen verlangt. Den *Sinn* des Bestehens von etwas zu erfassen, können wir erst dann, wenn wir den *Grund* des Entstehens dieses Etwas erkennen.

Grund ist der Ausdruck von *Absicht und Willen*, die beide den Vollzug einer Tat oder das Bestehen von etwas als Produkt einer Tat mit Sinn beladen und erfüllen, also *sinn-voll* machen.

Insofern unterscheidet sich der *Sinn des Bestehens* von etwas von dem *Wesen* dieses Etwas. Das Wesen bezeichnet das, was eine konkrete Sache als das, was sie ist, *verständlich* macht: Eine Sache wird uns erst dann verständlich, wenn wir einsehen, worin die Wirklichkeit (das „Sein") dieser Sache besteht und wie diese Wirklichkeit konkret-individuell getragen wird.

Der *Sinn* des *Bestehens* von etwas ist grundsätzlich aus dem *Wesen* dieses etwas zu entnehmen. Der *Grund* des *Entstehens* dieses Etwas bestimmt sein Wesen, und die Verwirklichung dieses Wesens verleiht dem Bestehen dieses Etwas seinen konkreten Sinn.

Bei den vom Menschen produzierten Dingen besteht bezüglich der Sinnfrage kein Problem: Wir wissen genau, warum wir etwas produzieren; das Wesen dieses Etwas besteht somit in der Funktion dieses Etwas, und der Sinn des Bestehens dieses Etwas besteht in der Verwirklichung dieser Funktion.

Wenn wir vom Menschen absehen, wissen wir nicht, worin das Wesen von irgendetwas (Vogel, Stein, Baum, und dgl.) besteht. Wir können deshalb auch nicht wissen, welchen Sinn das Bestehen dieser Dinge hat. Wir wissen *nur*, dass der Sinn des Bestehens dieser Dinge, in diesem Bestehen selbst gründet. Schließlich *kann keines dieser Dinge*, ob ein Lebendiges oder ein Stück leblose Materie, *anders sein als das, was es tatsächlich ist.*

Wir schreiben zwar oft solchen Dingen eine bestimmte Funktion im System der Natur – der lebendigen und die leblosen – zu. Dabei geben wir dem Bestehen dieser Dinge eine bestimmte *Bedeutung*, jedoch *nicht den Sinn des Bestehens* dieser Dinge.

Wie wir wissen, sprengt der Menschen die Grenzen der Natur. Er stellt von Anfang an eine ganz andere Seinskategorie dar. Die zentrale Frage des Menschen ist nicht, „Warum existiere ich?", sondern, „Wie soll ich mein Leben so führen, damit dieses Leben einen objektiven Sinn bekommt?". Der Mensch muss sich also *sich selbst annähern* und *sich selbst verstehen*, um das zu sein, was er als Mensch sein soll und was er als eine bestimmte Person verwirklichen soll.

7. Die eben besprochene Unmöglichkeit der Einsicht in das Wesen der natürlichen „Dingen" ist grundsätzlich, hat jedoch eine große Ausnahme, die die Regel nur bestätigt: **der Mensch**.

Was den Menschen von allem anderen Lebendigen auszeichnet, ist die Tatsache, dass er ein denkendes, also ein *selbst-bewusstes* Wesen ist. Das Bewusst-Sein des Menschen besteht darin, dass er sich seine Erfahrung (im Sinne des Inhalts des Bewusstseins) auf *denkende* Weise verschafft. *Sein Bewusst-Sein ist mit dem Selbst-Bewusstsein identisch.*

Das bedeutet, dass seine Erfahrung mit seiner Wahrnehmung *nicht identisch* ist und *nicht identisch sein **kann***: Das menschliche Bewusstsein schließt *von vornherein* die Möglichkeit *jeder Art* von *unmittelbarer* Erfahrung aus, d.h., *jeder Art* von **unmittelbarer** Gegenwart, *jeder Art* von **unmittelbarem** Hier und Jetzt.

Konkret bedeutet das, dass der *Mensch als solcher* seine Stellung *immer in einem umfassenderen Zusammenhang* als bloß im Hier und Jetzt bestimmen *muss*. Das Bewusstsein bedeutet nicht einfach die grundsätzliche Unmöglichkeit des unmittelbaren Hier und Jetzt und so die grundsätzliche Unmöglichkeit des unmittelbar Erlebten, sondern das Bewusstsein als Selbst-Bewusstsein setzt den Menschen gleichzeitig in einen viel umfassenderen Zusammenhang: *Der Mensch befindet sich **nicht** einfach **in** der **Welt** – der Mensch, und nur er, hat eine Welt.*

Und da menschliches Bewusstsein *notwendigerweise Selbst-*Bewusstsein ist, ist ***der Mensch allein ein Einzelner im eigentlichen Sinne***: *In der Welt ist Einzelheit im eigentlichen Sinn etwas ausschließlich Menschliches*: Nur der Mensch ist ein Individuum im eigentlichen Sinne, *nur der Mensch besitzt Individualität*, die eigentümliche Eigenschaft seiner *Persönlichkeit*. Und wenn die Einzeldinge, von denen wir oben gesprochen haben, tatsächlich einzeln sind, so sind sie es *nur deshalb*, weil *der Mensch* sie so bestimmt hat.

Diese Eigentümlichkeit des Menschen kommt herausragend zum Ausdruck in seinem geschichtlichen Bewusstsein: Ist ein Mensch ohne *Vorgeschichte* vorstellbar? Jeder Mensch trägt in sich nicht nur die gemeinschaftliche Geschichte der Menschheit, sondern besonders seine eigene Familiengeschichte und seine persönliche Geschichte, die irgendwie, je nach Person, wenn auch nicht oder nicht ganz bewusst, beide anderen Geschichtsabläufe in sich enthält.

Die Tatsache, dass der Mensch sich nicht einfach in der Welt befindet, sondern dass er eine Welt *hat*, deutet darauf hin, dass es bei ihm *keine* instinktive Eingliederung in diese Welt gibt. Mit „Instinkt" bezeichnet man die angeborene, naturgegebene Fähigkeit eines Lebewesens zur Durchführung einer bestimmten Tätigkeit auf eine genaue und gewissermaßen automatische Art als Reaktion auf einen sehr spezifischen Reiz.

Wichtig zu beachten ist die Tatsache, dass diese Fähigkeit in die Morphogenese des Organismus selbst eingegliedert ist, also eine *angeborene und ererbte* Fähigkeit ist. Das heißt, diese Fähigkeit kann weder als Produkt von Erfahrungen noch als Produkt von Lehrvorgängen betrachtet werden, obwohl diese beiden zur Spezialisierung dieser Fähigkeit nötig sind.

Mit „Instinkt" meint man also die Fähigkeit eines Lebewesens, ohne klar bestimmte Absicht, nach Naturgesetzen, zwangsläufig, also nach innerem Zwang, gewissermaßen automatisch bestimmten, sich immer wiederholenden Situationen auf genau die gleiche Weise zu begegnen oder auf eine gleiche Weise bestimmte, immer gleiche, wiederholende Gebilde hervorzubringen. Eine innere Nötigung zwingt das Lebewesen, für sich als Einzelwesen sowie für seine Art „das Richtige" zu tun.

Es ist wichtig im Zusammenhang dieser Erörterung der Frage nach dem Wesen des Menschen sich zu vergegenwärtigen, dass das menschliche Bewusstsein als Selbstbewusstsein *keinen Verlust an Unmittelbarkeit* darstellt, weder in der Möglichkeit der Erkenntnis noch in der Möglichkeit des Verhaltens des Menschen.

Bewusstsein bzw. Selbst-Bewusstsein wie auch Mensch-Sein sind *ursprüngliche* und *keine dem Tier-Sein des Menschen additiven Faktoren*. Der Mensch ist nicht „Tier + Selbstbewusstsein" oder „Tier + Denken". *Es gibt keine Möglichkeit*, zwischen Mensch-Sein und Selbst-Bewusstsein zu unterscheiden. Der Mensch ist weder Selbst-Bewusstsein, noch hat er Selbst-Bewusstsein: ***Der Mensch ist ursprünglich selbst-bewusst***.

Das ist auch der Grund, warum das menschliche Bewusstsein *nicht als Produkt* einer *evolutionären Entwicklung* gelten kann. Ich weiß nicht, welche entscheidenden Ereignisse es in der Geschichte der Primaten gab. In einem bin ich mir aber sicher: Die „Entwicklung" des menschlichen Bewusstseins kann es nicht gewesen sein. Und auch *wenn* es tatsächlich so gewesen wäre, auch *dann* wäre ein solcher Übergang *für uns unbegreiflich*: ***Für uns, als Erkennende, ist der Mensch als Mensch entweder ganz oder gar nicht da***.

Was Bewusstsein eigentlich bedeutet und warum es *logisch* nicht als Produkt einer evolutionären Entwicklung gelten kann, das ist schon in den grundlegenden Teilen des Systems klar geworden: Bewusstsein ist Teil einer „Zaubereinheit", die in sich insgesamt *Denken*, *Bewusstsein*, *Sprache*, *Erfahrung* und *Subjekt* umfasst.

Wir haben betont, dass die Beziehung zwischen „Denken" (in beiden ausgeführten Aspekten), „Bewusstsein", „Sprache", „Erfahrung" und „Subjekt" nach dem Grundsatz „alles oder nichts" bestimmt ist: Das Fehlen des einen lässt die anderen schlagartig verschwinden.

Dies sind nicht einfach notwendige Momente einer umfassenden Einheit, sondern ***jedes von ihnen trägt die gesamte Einheit*** *und* ***die gesamte Einheit prägt von vornherein die Eigentümlichkeit eines jeden von ihnen***.

Das ist auch der Grund, warum sie alle eine „Zaubereinheit" bilden, *die in jedem von ihnen immanent* vorhanden ist: Mit der Aufhebung eines jeden von ihnen wird die ganze Einheit aufgehoben, was unter anderem zu der „Lösung" des Problems der selbstständigen Erscheinung dieser Momente nach einer Entwicklungstheorie verleitet und verführt.

Menschliches Bewusstsein ist, wie wir schon wissen, *immer und notwendigerweise* Selbst-Bewusstsein. Konkret heißt das, dass *der Mensch zugleich Erkenntnis-Subjekt und Erkenntnis-Objekt ist.*

Das bedeutet *nicht nur* die Fähigkeit, **sich selbst zu bestimmen** *und zugleich auch die Fähigkeit* **bestimmbar zu sein**, sondern es bedeutet, dass die *Bestimmtheit* des Menschen *in jedem momentanen Stadium seiner Existenz* seine Bestimmungs*tätigkeit* als *Subjekt* und gleichzeitig seine *Bestimmbarkeit* als *Objekt* dieser Bestimmungstätigkeit *voraussetzt.*

Mit anderen Worten heißt das: *Indem und insofern der Mensch sich seiner selbst bewusst ist, ist er sich selbst in seinem Dasein ständig voraus.* Oder anders formuliert: Das Sich-Vollziehen der *Bestimmtheit* des Menschen, d.h. das momentan gegebene Dasein eines faktischen Ichs, eines vereinzelten und einmaligen Menschen, ist von der Bestimm*barkeit* dieses Menschen und von dem *Vollzug* der Bestimmungs*tätigkeit nicht nur* nicht zu trennen, sondern *gar nicht zu unterscheiden.*

Die Bestimmbarkeit kommt hier nicht zur der Bestimmtheit hinzu: Diese Bestimmbarkeit ist immer schon in der Bestimmtheit des menschlichen Daseins wirksam!

Und diese Tatsache bedeutet in letzter Konsequenz, dass es *grundsätzlich keine vollendete Bestimmtheit des Menschen in seinem konkreten Dasein geben kann*, obwohl er danach strebt, diesen Zustand zu erreichen: Das ist es, was mit dem *Streben nach Glück* gemeint ist.

Diese Tatsache macht klar, warum der Mensch als Mensch entweder ganz oder gar nicht da sein kann und warum der Grund für die

Erzeugung und Abstammung des Menschen nicht bloß Natur und sein Tier-Sein sein kann, sondern Denken (im systematischen Sinne) und die von ihm bestimmte persönliche Individualität: *„Der Mensch ist das an sich seiende Glied der Natur, in dem das Fürsichsein aufbricht, so dass es sich über sein Ansichsein frei erheben kann"*. [4]

Wenn wir also das Wesen des Menschen, das spezifisch Menschliche bestimmen wollen, so ist es nicht in einem „Faktor" zu suchen, der zur Natur und zum Tier-Sein des Menschen hinzukommt, sondern es ist in der *ursprünglichen Bestimmtheit* des Menschen zu suchen, also in der *zweiten* „Zaubereinheit", die *„Bestimmtheit-Bestimmbarkeit-Bestimmungstätigkeit"* heißt.

Und das heißt, dass diese Bestimmtheit sich nicht auf etwas zurückführen lässt, was sie selbst nicht ist: Sie ist in sich durch eine *grundlegende Beziehung und Beziehungssetzung* bestimmt, sie ist also *Denk-Tätigkeit*.

Konkret bedeutet das, dass das Individuum nicht „ableitbar" ist: Das Individuum, wie es sich selbst wahrnimmt, kann sich *nur aus sich selbst* in seiner *Einmaligkeit* verstehen. Oder anders ausgedrückt: Ein Individuum ist erst dann ein Individuum im ursprünglichen und eigentlichen Sinne, wenn seine *konkrete Bestimmtheit durch seine permanente Bestimmbarkeit und durch seine Selbstbestimmungstätigkeit* wesentlich geprägt ist. Diese seine Bestimmtheit *ergibt sich* dann aus der Beziehung des Bestimmbaren zu seiner Bestimmung, die *nur* unter der Voraussetzung *dieses* Bestimmbaren *denkbar* ist.

So gesehen ist das Dasein des Menschen von vornherein durch eine Diskrepanz zwischen seiner gegenwärtigen und seiner – noch nicht bestehenden – vollendeten Bestimmtheit geprägt und charakterisiert. Diese vollendete Bestimmung wird er zwar in seinem Leben nie erreichen können, sie ist aber trotzdem seine *ontologische*, also seins-mäßige Bestimmung als dieses einmalige konkret lebende Individuum. *Darin besteht auch der Sinn seines Lebens,* im Unterschied zu einem Sinn, den es selber in seinem Leben punktuell bestimmen kann (Arbeit, Hobby und dergleichen).

Dieser oben genannte Zwiespalt und das Streben, ihn zu überwinden, ist Ausdruck des menschlichen Wesens, das in der zweiten „Zaubereinheit" besteht – oder genauer gesagt: in der ersten „Zaubereinheit", die die zweite in sich *logisch-deduktiv* enthält. Und in dem Maße, in dem der Mensch bestrebt ist, diesen Zwiespalt zu überwinden, verwirklicht er sein Wesen und erfüllt damit zugleich seine ontologische, d.h. seine seins-mäßige Bestimmung, die er für sich nicht beliebig bestimmen kann.

In diesem Zusammenhang ist es wichtig einzusehen, dass die hier besprochene Unterscheidung zwischen Bestimmtheit und Bestimmbarkeit in Bezug auf den Menschen wie auch der Übergang von dieser Bestimmbarkeit zur Bestimmtheit nicht einfach mit der Unterscheidung zwischen „Möglichkeit" und „Wirklichkeit" gleichzusetzen ist.

Der Unterschied zwischen Möglichkeit und Wirklichkeit einerseits und zwischen Bestimmbarkeit und Bestimmtheit andererseits ist gleich dem Unterschied zwischen *Entwicklung* einerseits und *Wachstum* andererseits: Die menschliche Entwicklung ist der tierische Träger des menschlichen Wachstums.

Der Übergang von der Möglichkeit zur Wirklichkeit betrifft den Menschen als menschliches *Lebewesen.* Die „Zaubereinheit" „Bestimmtheit-Bestimmbarkeit-Bestimmungstätigkeit" betrifft den Menschen als *Menschen.*

Abgesehen davon, ist es für das Verhältnis Möglichkeit-Wirklichkeit wesentlich, dass man in jedem Stadium der Entwicklung zwischen beiden als Möglichkeit und als Wirklichkeit deutlich unterscheiden kann.

Bei dem Verhältnis zwischen Bestimmtheit, Bestimmbarkeit und Bestimmungstätigkeit ist es anders: Das *Sich-Vollziehen der Bestimmtheit* ist von der *tatsächlichen Bestimmbarkeit* und dem *Vollzug der Bestimmungstätigkeit* **nicht zu unterscheiden**.

Das heißt, die Bestimmbarkeit geht nicht durch die Bestimmungstätigkeit zur Bestimmtheit über und hört damit auf, Bestimmbarkeit zu sein.

Die Bestimmbarkeit ist *immer schon* in der *Bestimmtheit* latent *wirksam* und umgekehrt: *Die Bestimmbarkeit drängt mit Notwendigkeit zur Bestimmtheit.*

8. Wie schon erwähnt, ist das Wesen des Menschen, also das spezifisch Menschliche, in der *ursprünglichen Bestimmtheit* des Menschen zu suchen, also in der *zweiten „Zaubereinheit"*: *„Bestimmtheit-Bestimmbarkeit-Bestimmungstätigkeit"*.

Und das heißt, dass diese Bestimmtheit sich nicht auf etwas zurückführen lässt, was sie selbst nicht ist: Sie ist in sich durch eine *grundlegende Beziehung und Beziehungssetzung* bestimmt, sie ist also **Denk-Tätigkeit**.

So haben wir es hier mit einer *ursprünglichen Einheit* zu tun, die einerseits, so wie sie ist, in sich hermetisch geschlossen ist, andererseits aber in ihrem Wesen auch durch ihre **eigentümliche Wirklichkeitshaftigkeit** bestimmt ist. *Diese Einheit stellt das menschliche Wesen dar.*

Dabei müssen wir die Bezeichnung des Menschen als *Individuum* von seiner Bezeichnung als *Person* unterscheiden: Die Bezeichnung „Individuum" betont den Unterschied des Einzelmenschen zu allen anderen Menschen („Individuen") wie auch seine Einzigkeit gegenüber der Menschengattung, sie betont also die Singularität eines jeden Einzelmenschen in seinem Einzeldasein, wobei die Bezeichnung „Person" die besondere Seins-Weise des Menschen als **Selbst-Sein** betont. „Person" betont somit den Einzelmenschen in seinem Zusammenhang mit dem Wirklichkeitsganzen. Die Person ist der einheitliche Beziehungs- und Bezugspunkt aller Handlungen und Tätigkeiten des Menschen als deren Ursprung und als deren letzter aktiver Grund. Es ist das, was der Mensch meint, wenn er „Ich" sagt. *Persönlichkeit* ist das, was einem individuellen Menschen in jeder Hinsicht eigen ist. Diese Bezeichnung bezieht sich somit auf den Inbegriff all dessen, was der Person wesentlich ist; der empirische Ausdruck der Persönlichkeit ist der *Charakter*.

Die Verwirklichung der Individualität ist *nur im Rahmen dieses Zusammenhangs* möglich und überhaupt verständlich. Es ist die ursprüngliche Bestimmtheit des Selbst-Seins des Menschen, die ihn in seiner Individualität in der Bestimmungstätigkeit als bestimmbar bestimmt, ja erzeugt: *Das ist **der Mensch als ein für sich selbst und um seiner selbst willen bestehendes Wirkliches im Gesamtzusammenhang der Wirklichkeit in seiner eigentümlichen Einmaligkeit**.*

Diese eigentümliche Einmaligkeit des Menschen ist keine äußere, wie bei allem anderen Einzelnen – ob Dingen oder Lebewesen: Der Mensch hat ein *ursprüngliches Wissen* von sich selbst, das ihn zur *Selbst-Verwirklichung* auffordert, ja drängt: Es ist die Aufforderung, *nach dem eigenen Glück zu streben*! Und Glück ist nichts anderes als die *dauerhafte* Situation, in der das Innere eines Menschen mit dem, was er in seinem Leben zum Ausdruck bringt, in Einklang steht. Darin besteht die oben genannte *eigentümliche Wirklichkeitshaftigkeit* des Individuums.

Wenn wir hier vom Menschen reden, so ist der *ganze* Mensch gemeint. Wir haben schon im Band I des Systems bei der Erörterung des so genannten Leib-Seele-Problems bzw. des psycho-physischen Problems gezeigt, dass eine Trennung zwischen dem Körper und der Seele oder der Psyche erkenntnistheoretisch nicht zulässig ist.

Der Mensch ist nicht Körper + Geist bzw. Seele. Der Mensch stellt für uns eine *ursprüngliche Einheit* dar: Der Mensch stellt *von Anfang an* eine *ursprüngliche Ganzheit* dar.

Der Körper eines Menschen ist ein *wesentliches Moment* seiner *Persönlichkeit* und somit seiner *persönlichen Identität* – genauso wie seine Psyche bzw. seine Seele. Hätte ich eine andere körperliche Beschaffenheit und eine andere körperliche Konstitution, so hätte ich *notwendigerweise* eine andere Persönlichkeit und somit eine andere persönliche Identität gehabt. „Notwendigerweise", denn mein Selbst-Sein und somit mein Selbst-Bewusstsein, also die Relation innerhalb der so genannten zweiten „Zaubereinheit" (Bestimmtheit-Bestimmbarkeit-Bestimmungstätigkeit) wäre anders gewesen. Der *Charakter* eines Menschen drückt dabei die besondere Eigenart der Person aus.

Wenn wir vom Menschen reden, so ist es wichtig einzusehen, dass die Einheit des einzelnen Menschen und seine persönlichen, individuellen Ausdrücke *zunächst* als Erscheinung der Erfahrungswelt wahrgenommen werden. In seine handelnde Lebendigkeit setzt sich der Mensch als tätige, handelnde Einheit, die ihre eigene Individualität bestimmt und sich dieser auch gleichzeitig bewusst ist und sich somit als Person setzt.

Diese Selbst-Setzung der Person wird *in Freiheit* vollzogen: In einem Akt der Selbst-Bestimmung: Durch das Verhältnis zu sich selbst integriert sich das Individuum in die Einheit der Gesamtwirklichkeit und bestimmt dabei sich selbst als Selbst-Sein, d.h. als Person. Und das ist der Mensch – ob wir es selbst sind oder andere –, den wir als *identisches Ich* in unserer wechselnden, alltäglichen Erfahrung als denkende, fühlende und wollende Person wahrnehmen.

Dabei erfährt der Mensch seinen *identischen Kern*, sein *persönliches Selbst-Sein*, als etwas, das nicht in diesem seinem persönlichen Kern von äußerlichen Zufälligkeiten bestimmt wird, und als etwas, das ihn grundsätzlich von allen Zufälligkeiten, die er selbst verursacht oder andere verursachen, unterscheidet, was sich in seiner *Freiheit* und in seiner *Eigenverantwortlichkeit* ausdrückt.

So *begegnet* sich der Mensch in seiner Erfahrung nicht nur als ein identisches Ich („ich arbeite", „ich schreibe", „ich trinke", „hier bin ich als zehnjähriger Junge" und so weiter und so fort), sondern er *erkennt* sich als solcher. Dabei weiß er, dass jede seiner momentanen Entscheidungen für ihn, als ein *ganzer Mensch*, nicht nur für das gegebene momentane Leben, sondern auch für sein zukünftiges Leben, also für das, was er sein wird, von Bedeutung ist.

In diesem Zusammenhang spielt die Identität der Person eine große Rolle. Diese Identität ist insofern von besonderer Art, als die Identität der Person ihr ganzes Leben hindurch bewahrt wird: *Die Person bleibt **dieselbe** das **ganze** Leben hindurch.*

Diese Identität der Person bewirkt den ursprünglichen Bezug aller möglichen Tätigkeiten, Vorgänge, Zustände und Dispositionen auf die *Person, die an sich in ihrer einzigartigen, **dynamischen Einheit** **lebenslang in ihrem Kern konstant** bleibt.*

In der zeitlichen, fließenden Änderung des Bewusstseins bleibt die Person, bleibt das Selbst des Menschen erhalten. Es ist diese wundersame **Identität der Person**, die das menschliche Leben zu einer **in der Welt einzigartigen selbst-bewussten Einheit** macht. *Diese Identität der Person ist der herausragende Ausdruck der so genannten zweiten „Zaubereinheit": Bestimmtheit-Bestimmbarkeit-Bestimmungstätigkeit.*

9. Diese Feststellung bezüglich der persönlichen Identität führt uns zurück zur Frage nach dem Sinn. Der *Sinn des Bestehens* eines Dings muss *gestiftet* werden. Das gilt auch für den Menschen. Der Mensch ist aber das einzige Wirkliche, das in der Lage ist, den Sinn seines Bestehens zu *entdecken*, was im Prozess des Wachstums geschieht. Der Mensch ist der einzige, dessen Leben von der Suche nach Sinn wesentlich geprägt ist, was nichts anderes als Wachstum bedeutet.

In jedem Fall besteht die Lebensaufgabe des Menschen darin, *in sich und für sich etwas zu sein*, nämlich im **Selbst-Sein**. Und genau darin ist auch der Sinn des individuellen, persönlichen Lebens *begründet*.

Der Mensch, um sein Leben als Mensch zu *verwirklichen*, muss sich sich selbst annähern und so sein Selbst-Verständnis konkretisieren. So setzt er sich in Beziehung zum Wirklichkeitsganzen und zu der mit ihr korrelierenden Transzendenz.

Die Sinnsuche des Menschen stellt ihn vor die Frage nach der **Wahrhaftigkeit** *seines Lebens*. Diese eigentümliche menschliche Lebenskategorie weist auf die Möglichkeit der Entsprechung von Theorie und Praxis, von innen und außen hin. Die Frage nach dem Sinn drängt so zu einer Antwort, die von *größter möglicher Objektivität* geprägt sein muss. Oder anders formuliert: ***Die Frage nach dem Sinn drängt den Menschen zum Leben in Wahrheit aus der Wahrheit.***

Die Tatsache, dass der Mensch sich bewusst ist, dass die Wahrheit des Bestehens seiner selbst, also dass der Wirklichkeitsgrund seiner selbst im Gesamtzusammenhang der Wirklichkeit wurzelt, macht den Standpunkt der Transzendenz für ihn interessant. Ohne die jedoch erwähnte Intuition bleibt dieser Standpunkt für ihn nur eine *systembedingte, erkenntnistheoretische Bestimmung*, die die notwendige Beziehung zwischen Wirklichkeit und Wahrheit betrifft.

Mit der oben genannten Intuition macht ein Menschen einen Sprung über die Grenzen der systematisch begründeten Erkenntnis der Wirklichkeit hinaus, was zwangsläufig zum Problem der Beschreibung des Inhalts dieser Intuition führt. Die grundsätzliche Struktur einer solchen Schau ist jedoch durch die systematische Struktur unseres Denkens bzw. unseres Bewusstseins vorbestimmt und bedingt.

Aus den systematischen Überlegungen im Teil I des Systems ist klar geworden, dass wenn uns etwas bewusst ist, dabei die gesamte Wirklichkeit latent mitgedacht werden muss. Erst recht gilt das für jedes Wirkliche: *In jedem Wirklichen wird die gesamte Wirklichkeit notwendigerweise latent mitgedacht.*

„Dichtung", sagt Paul Valery, „ist der Versuch mit den Mitteln der artikulierten Sprache das darzustellen oder wiederherzustellen, was Schreie, Tränen, Liebkosungen, Küsse, Seufzer usw. dunkel auszudrücken versuchen, und was die Dinge scheinbar ausdrücken wollen in dem, was wir für ihr Leben und ihre Absicht nehmen".

Zeitfracht Medien GmbH
Ferdinand-Jühlke-Straße 7
99095 Erfurt, Deutschland
produktsicherheit@kolibri360.de